Hier ist Platz für ein Autogramm, welches ich dir gebe, wenn du es möchtest. Oder auch nicht. Du kannst hier auch einfach ganz viele kleine Blümchen, Kringel oder Striche hinkritzeln. Es ist DEIN Buch. Du entscheidest. ☺

Für Fragen und Anregungen:
jennastella@icloud.com

1. Auflage 2019

Illustration und Fotos: Jennifer Hänsel, Cindy und Kay Fotografie und Melanie Campe
Umschlaggestaltung: Jennifer Hänsel und Melanie Campe (Instagram: _fotomeli_)
Unter Verwendung einer Fotografie von: Pascal Hänsel, Cindy und Kay Fotografie und Melanie Campe
Layout: Jennifer Hänsel
Text: Jennifer Hänsel
Druck und Bindung: Neopubli GmbH, Berlin
Printed in Germany

Mein Leben ist Special

Jennifer Hänsel

Kapitelnavigation

Hallo und Herzlich Willkommen liebe Leserinnen und Leser!

Ich freue mich wahnsinnig, dass du dich für mein Buch entschieden hast.
Diesen Schritt zu gehen und ein Buch zu veröffentlichen, hat mich unglaublich viel Überwindung gekostet. Schließlich kann jetzt JEDER aber auch wirklich JEDER mein Buch lesen. Jeder X- beliebige Max Mustermann erfährt etwas aus meinem Leben, dem Leben meiner Kinder und des meines Mannes. Ich bin sozusagen, wie ein offenes Buch. Ich werde hier die wichtigsten und emotionalsten Momente in meinem Leben beschreiben, offenlegen und in die Welt hinausschreien. Okay, eher schreiben. Aber ihr wisst, was ich meine. 😉

Ohne ein Blatt vor dem Mund zu nehmen, gebe ich meine Erfahrungen mit Behörden, meiner Familie und meinen Freunden wieder. Das mag manchmal vielleicht auch etwas schroff und wütend klingen, doch ich möchte einfach nur ehrlich sein, was meine damaligen und derzeitigen Gefühle betrifft. Ich hoffe, ihr bereut nicht den Kauf von „Mein Leben ist Special“. Und falls du das Buch geschenkt bekommen haben solltet: Bitte kündige nicht die Freundschaft deines Schenkers, nur weil dir mein Buch nicht gefällt! 😉

Die Wahl des Titels „Mein Leben ist Special“ ist einfach zu erklären: Special (engl. = besonders). Da man im englischen eher von „Special-Kids“, also besonderen Kindern statt „behinderten Kindern“ spricht, fand ich diesen Titel mehr als passend.

Die Idee, ein Buch zu schreiben, kam aus den Reihen meiner treuen Leser, Follower und Abonnenten meiner **Facebookseite** und Stellas Gruppe, “360 Grad Stella“, die ich am 15.07.2017 gründete.

Anfangs war diese Gruppe nur für Freunde und Familienmitglieder gedacht. Ich wollte in dieser Gruppe allen Interessierten, die neuesten Ereignisse oder Neuigkeiten mitteilen, sobald es diese im Hause Hänsel gab. Ob Gute oder Schlechte Nachrichten, alles sollte dabei sein. Mittlerweile befinden sich 4533 Mitglieder darin.

Es war, wie mein Blog auf 360gradstella.blogspot.com, aufgebaut, wie ein nachträglich erstelltes Tagebuch. Man konnte über unsere/ Stellas Geschichte und wie wir mit allem klarkamen, nachlesen. Später kam es ja noch zu meinem „berühmten Facebook-Post", der viele Menschen bewegt hat und der letztendlich den Beitrag im Sat.1 Frühstücksfernsehen ins Rollen brachte (Aber dazu kommen wir noch).

An diesem Punkt dachte ich damals, es wäre eine gute Idee, wenn ich die Gruppe auch für fremde Menschen öffne, die sich für unser Leben interessieren.
Und das war rückblickend eine gute Entscheidung, denn sonst würde ich jetzt hier nicht sitzen und ein Buch schreiben
Es ist auch eigentlich echt interessant, wie lange man wirklich braucht, um ein Buch zu schreiben. (Von der Idee, bis zum fertigen Produkt)
Insgesamt habe ich ungefähr ein Jahr für alles gebraucht.

Ich denke, dass mir damals, als ich mit Stella schwanger war, niemand zugetraut hätte, dass ich irgendwann einmal diese Zeilen schreiben würde, um zu fremden Menschen sprechen zu können, die sich doch tatsächlich für MEIN Leben und das meiner Familie interessieren.

Doch nun bin ich hier und unglaublich dankbar für jeden meiner Blog-Leser, Buchkäufer, Follower, stillen Mitleser, jedes aktive Gruppen Mitglied oder anderweitig Interessierten.

Für mich ist das alles eine Art und Weise, das Erlebte zu verarbeiten, abzuschließen und auch für immer auf Papier zu bringen, damit irgendwann auch Stellas Schwester Mila nachlesen kann, wie das alles „damals“ so war.

Danke, dass ihr das möglich macht, in dem ihr mich unterstützt! Für euch ist dieses Buch geschrieben! DANKE!
Und auch nochmal vielen lieben Dank fürs lange Warten. Ich habe das hier alles selbst geschrieben, organisiert, korrigiert, designt und habe keinen Verlag hinter mir stehen, weshalb das hier alles natürlich länger gedauert hat.

Doch nun... Viel Spaß beim Lesen!

Eure Jenna

P.S.: Wer Fehler findet, darf sie gerne behalten ❤

***„Ich denke, jeder Mensch hat sein eigenes Schicksal.
Stella ist ein sehr großer Teil meines Schicksals und ich bin dankbar dafür, dass ich ihre Mutter sein darf. Ohne sie, wäre ich heute ein anderer Mensch“***

Jennifer Hänsel

Wer ist eigentlich Jennifer Hänsel?

Ich wurde im Juni 1993 in Berlin-Neukölln geboren, wuchs in Berlin-Lichtenberg, bis zu meinem 10. Lebensjahr, auf und zog dann gemeinsam mit meinen Eltern in das ruhige Eggersdorf im Land Brandenburg. Dort verbrachte ich meine Jugend, bis ich mit 18 Jahren und dazu noch hochschwanger, in meine erste eigene Wohnung nach Strausberg zog.

Strausberg ist mittlerweile meine Heimat und ich fühle mich hier unglaublich wohl.

Im Oktober 2011 kam meine erste Tochter **Stella** zur Welt. Im August 2015 heiratete ich erst meinen Mann Pascal und einen Monat später kam Tochter Nummer 2: **Mila**, zur Welt.

Ich bin also an sich eine ganz normale Frau, mit Ecken und Kanten. Mit normalen Hobbys, wie zum Beispiel dem Fotografieren, Zeichnen, Schreiben und Quatschmachen.

Ich spreche fließend sarkastisch und ironisch und genau das ist es vermutlich, was meine Freunde an mir mögen und was mich davon abhält in schwierigen Situationen durchzudrehen.

Ich erkenne an bestimmten Gesten oder an der Mimik, was der Mensch mir gegenüber eigentlich denkt. Unabhängig von dem, was aus seinem Mund herauspurzelt.

Das ist ein Fluch und ein Segen. Manchmal möchte ich gar nicht wissen, was der Gegenüber wirklich denkt.

Ich möchte manchmal einfach, dass es wahr ist, was mir gesagt wird, obwohl ich sehr genau weiß, dass dies nicht stimmt.

Umso mehr mag ich Menschen, die zu mir ehrlich, offen und aufrichtig sind. Lieber höre ich aufrichtige Kritik, anstatt „Honig ums Maul geschmiert zu bekommen“.

Und genau deshalb wird dieses Buch mit Sicherheit hier und dort anecken. Ehrlichkeit kommt eben nicht bei jedem gut an.

Auf der anderen Seite habe ich diese besondere Sensibilität anderen gegenüber.

Ich spüre, deren Gefühlswelt und kann mich dadurch sehr gut in diese Menschen hineinversetzen. Diese Eigenschaft hat mich zu einem sehr emotionalen Menschen gemacht.

Aber was am allerbesten daran ist: Menschen, wie Stella, die sich nicht in Worten ausdrücken können, kann ich auch ohne Worte verstehen.

Ich spüre an kleinen Änderungen der Bewegung, der Tonlage oder anhand der Mimik sofort, was genau sie jetzt brauchen und möchten.

Man kann so viele Fachrichtungen auf diesem Planeten studieren. Doch eine Eigenschaft muss man bei der Arbeit und dem Leben mit behinderten Kindern mitbringen: gute Menschenkenntnis.

Ich schweife ab.

Mein Name ist Jennifer Hänsel, bin aktuell 26 Jahre alt, trage Schuhgröße 38/39 (je nach Tagesform) und meine Lieblingsfarbe ist schwarz.

Es war einmal ein Blog...

(Es folgen die Blogbeiträge vom 11.04.2019-16.05.2019)

Ich hab's getan!

Krass! ich hab's getan. ich habe den Blog erstellt. ich hab das Layout ausgewählt, die Schriftart ausgesucht und alles drum und dran konfiguriert, was eben so dazugehört. Fühlt sich neu und unbekannt an, aber ich bin guter Dinge.

Tja, warum mache ich das Ganze? In erster Linie für mich. Ich verarbeite beim Schreiben meine Erlebnisse mit Stella. Ich kann nochmal über alles nachdenken, es Revue passieren lassen.

Dann am Ende vielleicht schmerzliche Geschehnisse abschließen und ein neues Kapitel im Leben beginnen.

Aber zusätzlich freut es mich, wenn ich mit "meiner" Community eine Verbindung aufbaue. Ich möchte, dass man sich in meine Lage versetzen kann, denn es wird noch viel zu viel totgeschwiegen.

Stichwörter:

#Pflegenotstand #Behinderung #behinderte Kinder #seltene #Gendefekte #Distanz

Viele kennen meine Familie und mich von Facebook, manche aus dem TV Beitrag vom Sat.1 Frühstücksfernsehen.

Ich möchte aufklären und unterhalten. Es wird hier mit Sicherheit lustig, als auch mal traurig zugehen. taucht kurz ein in unsere Welt und hinterlasst auch gerne immer ein paar Kommentare.

Wir lesen uns!

eure Jenna

Zurück ins Jahr 2011

Es war der 01.01.2011.

Eiskalte Luft wehte mir durch die Haare. Es schneite und draußen sah ich all die Lichter, Raketen und Böller knallen. Viele Menschen standen beieinander und beobachteten das Spektakel. Ich war zu dieser Zeit gerade 17 1/2 Jahre alt. Mitten im Fachabitur und war eigentlich noch ein Kind.

Nicht nur eigentlich. Ich war es wirklich. Ich war weder volljährig noch selbstständig. Ich verschlief oft die Schule, kam zu vielen Terminen zu spät.

Und auch wenn ich pünktlich zu Hause sein sollte kam ich trotzdem fast immer zu spät. Auf mich sollte man sich besser nicht verlassen. denn ich nahm alles auf die leichte Schulter. Auch das Leben. Freunde, Partys und Unbeschwertheit prägten all die Jahre zuvor.

Und deshalb sehe ich heute diesen Moment, als ich in den Himmel schaute, mit meinem Freund - meiner damals großen Liebe P. im Arm - als eine Art Wendepunkt an.

Wer hätte wohl damals gedacht, dass dieses Mädchen, mit auffallend pinken Haaren, irgendwann einmal verheiratet sein wird, zwei Kinder geboren haben wird und auf all das zurückblickt, was einmal war, um dann letztendlich festzustellen, dass dieser Wendepunkt vermutlich sogar ihr Leben nicht nur verändert hatte, sondern vielleicht sogar in die richtige Richtung gelenkt und sie so vor einem schlimmeren Schicksal bewahrt hat, welches ihr keiner gewünscht hätte.

Ja, ich denke, jeder hat sein Schicksal und Stella ist ein sehr SEHR großer Teil meines Schicksals. Ohne sie wäre ich vermutlich ein anderer Mensch und deshalb bin ich dankbar dafür, wie es gekommen ist.

Auch wenn ich nicht immer dieser Meinung war, ist das nun der einzige Gedanke, der mir guttut und mir an schweren Tagen das Licht zeigt.

Ich erwähne immer wieder gerne diesen Text, den ich damals zugeschickt bekommen habe, als es mir sehr schlecht ging und ich in Depression verfallen bin.

"Die Spezialmutter" - Erma Bombeck (ins Deutsche übersetzt)

Die meisten Frauen werden durch Zufall Mutter, manche freiwillig, einige unter gesellschaftlichem Druck und ein paar aus reiner Gewohnheit.

Dieses Jahr werden 100 000 Frauen Mütter von Kindern mit einer Behinderung.

Haben Sie sich schon einmal Gedanken darüber gemacht, nach welchen Gesichtspunkten die Mütter dieser Kinder ausgewählt werden?

Ich stelle mir Gott vor, wie er über der Erde schwebt und sich die Werkzeuge der Arterhaltung mit größter Sorgfalt und Überlegung aussucht. Er beobachtet genau und diktiert dann seinen Engeln Anweisungen ins riesige Hauptbuch.

"Neumann, Lisa: Sohn. Schutzheiliger: Matthias.

Förster, Ute: Tochter. Schutzheilige: Cäcilie.

Bollmann, Karola: Zwillinge. Schutzheiliger? Gebt ihr Gerard, der ist es gewohnt, dass geflucht wird."

Schließlich nennt er dem Engel einen Namen und sagt lächelnd: "Der gebe ich ein Kind mit einer Behinderung."

Der Engel wird neugierig: "Warum gerade ihr, O Herr? Sie ist doch so glücklich."

"Eben deswegen", sagt Gott lächelnd. "Kann ich einem behinderten Kind eine Mutter geben, die das Lachen nicht kennt? Das wäre grausam."

"Aber hat sie denn die nötige Geduld?" fragt der Engel.

"Ich will nicht, dass sie Zuviel Geduld hat, sonst ertrinkt sie in einem Meer von Selbstmitleid und Verzweiflung. Wenn der anfängliche Schock und Zorn erst abgeklungen sind, wird sie es tadellos schaffen. Ich habe sie heute beobachtet. Sie hat den Sinn für Selbständigkeit und Unabhängigkeit, die bei Müttern so selten und so nötig sind. Verstehst du: das Kind, das ich ihr schenken werde, wird in seiner eigenen Welt leben. Und sie muss es zwingen, in der ihren zu leben, das wird nicht leicht werden."

"Aber, Herr, soviel ich weiß, glaubt sie nicht einmal an dich."

Gott lächelt. "Das macht nichts, das bringe ich schon in Ordnung. Nein, sie ist hervorragend geeignet. Sie hat genügend Egoismus."

Der Engel ringt nach Luft. "Egoismus? Ist das denn eine Tugend?"

Gott nickt. "Wenn sie sich nicht gelegentlich von dem Kind trennen kann, wird sie das alles nicht überstehen. Diese Frau ist es, die ich mit einem Kind beschenken werde, das besondere Hilfe braucht. Sie weiß es zwar noch nicht, aber sie ist zu beneiden. Nie wird sie ein gesprochenes Wort als etwas Selbstverständliches hinnehmen. Nie einen Schritt als etwas Alltägliches. Wenn ihr Kind zum ersten Mal Mama sagt, wird ihr klar sein, dass sie ein Wunder erlebt. Wenn sie einen Baum, einen Sonnenuntergang schildert, wird sie ihn so sehen, wie nur wenige Menschen meine Schöpfung sehen.

Ich werde ihr erlauben, alles deutlich zu erkennen, was auch ich erkenne - Unwissenheit, Grausamkeit, Vorurteile -, und ich werde ihr erlauben, sich darüber zu erheben. Sie wird niemals allein sein. Ich werde bei ihr sein, jeden Tag ihres Lebens, jede einzelne Minute, weil sie meine Arbeit ebenso sicher tut, als sei sie hier neben mir."

"Und was bekommt sie für einen Schutzheiligen?" fragt der Engel mit gezückter Feder.

Da lächelt Gott. "Ein Spiegel wird genügen.

-ENDE-

Bis heute ist dies der einzige Text, den ich mir immer wieder durchlese und weinen muss.

Ja, so stelle ich mir das eben vor. Ich bin tatsächlich keine Person, die sonntags in die Kirche geht, aber ich glaube, dass es da etwas gibt. Auch wenn wir es nicht sehen können. Es hat alles einen Grund. Und bei mir war es eben "die Laune der Natur", die mein Leben verändert hat. Ein Gendefekt. Einfach so.

Letztendlich sollte aber nun an diesem Neujahrstag im Jahre 2011 ein wichtiger Grundstein für meine spätere Zukunft gelegt werden.

Denn ca. 10 Monate später erblickte eine, vermeintlich völlig gesunde Stella, das Licht der Welt.

Nach - gefühlt- endlosen Wehen, brachte ich Stella auf dem natürlichen Wege zur Welt. Mit P. war ich zu dieser Zeit leider nicht mehr zusammen.

Die naive 17-jährige Jenna gab es nicht mehr.

Es existierte nun die frischgebackene 18-jährige Mama Jenna, die verantwortungsbewusst sein wollte und auf gar keinen Fall so, wie diese ganzen anderen "Teenie-Mütter" aus dem TV.

Immer wenn ich hörte, dass jemand so etwas schaute, dann wollte ich direkt das Thema wechseln, denn ich wollte niemals so gesehen werden. Als eine asoziale unreife Person, die zu dumm war, um zu verhüten. Denn eigentlich war es doch genau das, was ich war.

OK zugegeben, vielleicht war ich nicht asozial. Und dumm war und bin ich auch nicht. Aber ja, ich war naiv und ich habe nicht über die Konsequenzen nachgedacht, was es bedeutet schwanger zu werden.

Dass man dann mit seinem eigenen Körper einen Fötus erschafft und man dann letztendlich nicht nur ein Baby gebärt, sondern auch sofort eine Verantwortung für dieses Kind hat, sobald es einem herausplumpst.

Und dass dieser komplette Mensch nicht immer ein Baby bleibt, dass man nur schick herausputzen kann, sondern auch groß wird und dass es auch sehr viel Arbeit bedeutet, das habe ich damals zwar von anderen gehört aber einfach noch nicht verstanden oder greifen können. Ich war eben ein Kind und in dem Alter wusste ich es nicht besser. Sicher gibt es immer Ausnahmen. Ich war es nicht.

Ich wollte dieses Baby, seit ich den zweiten Strich auf dem Schwangerschaftstest gesehen habe. Und da war mir die Meinung der anderen völlig egal. Ich habe nicht richtig zugehört, wenn mir jemand das Kind ausreden wollte.

Es war MEIN Kind und es war MEIN Körper. "Mir ist bewusst, was das für Arbeit macht und ich werde das schaffen!", höre ich mich noch sagen.

Nein, ich wusste nicht, was das für Arbeit macht, aber JA, ich schaffe das. Zwar irgendwie etwas anders, als ich es damals gedacht hätte, aber dafür mit der gewaltigen Unterstützung meiner gesamten Familie und meiner Freunde.

Da stand ich nun, Anfang 2012, mit einem 3 Monate alten Baby auf dem Arm vor meiner eigenen 2-Raum Wohnung und war stolz, nun allein wohnen zu dürfen.

Mit dem Ausbildungsvertrag, zur Verwaltungsfachangestellten für das Bundesministerium für Bildung und Forschung, schon in der Tasche und dem gesicherten Kita-Platz, sollte nun das schrecklichste und chaotischste Jahr in meinem bisherigen Leben folgen...

Denn es kam alles anders, als geplant.

Aller Anfang ist schwer

In der Hand hielt ich die Zusage für meine Ausbildung.

"Ich zeig' es allen, dass ich auch mit einem Kind DIE GROẞE Karriere machen kann", dachte ich mir.

Ich war euphorisch und super stolz auf mich. Ich berichtete allen Verwandten, Bekannten und Freunden von der großartigen Nachricht und alle freuten sich mit mir.

Der erste Tag der Ausbildung. September 2012.

Kurzer Blick in den Spiegel. Alles passte. Kurzer Blick zu Stella. Auch da passte alles. Nächsten Monat würde sie schon ein Jahr alt werden. Wahnsinn, wie schnell die Zeit vergeht. Die Geschenke waren alle schon eingekauft und mit Geschenkpapier von Hello Kitty eingepackt. Ich sah die Geschenke bzw. das rosa Geschenkband aus dem Schrank blitzen und verstecke es schnell, damit auch nicht ein Hauch einer Möglichkeit bestehen konnte, dass Stella es vorher entdecken könnte.

Stella lag aber schon angezogen und eingepackt im Kinderwagen, in meiner Wohnung im Erdgeschoss und schlief wieder friedlich vor sich hin, während ich mir noch die Schuhe anzog.

„Los gehts!"

Mit einem mulmigen Gefühl gab ich Stella bei den lieben Erziehern ab, während ich schon mit den Gedanken - auf dem Weg zur neuen Arbeitsstelle – ganz wo anders war.

Ich lief den Weg von der Kita bis hin zur S-Bahn Haltestelle und durchdachte dabei schon die nächsten Pläne in meinem Leben.

"Okay, du machst jetzt deine Ausbildung für 3 Jahre. Dann ist Stella fast 4 Jahre alt. Danach werde ich vielleicht übernommen, Stella kommt dann auf eine Privatschule mit 6, später kann ich mir vielleicht sogar eine bessere Wohnung leisten und eventuell ein großes Auto. Wenn ich richtig fleißig bin, dann vielleicht sogar mein Lieblingsauto. Einen VW-Käfer. So wie damals Barbie und Ken und ihrem Traumhaus. Ein rosa Haus mit einem rosa Käfer Cabrio. DAS WÄRE ES!"

Ich blinzelte mit den Augen und fragte mich, wie ich so schnell am Bahnhof angekommen war. Ich schien auf autonomes Laufen umgeschaltet zu haben und konnte mich nicht erinnern, wie ich dort hingekommen war.

Die ersten zwei Monate, als Azubi, verflogen nur so. Doch dann schlug die Realität schneller zurück, als ein Wildtier vors Auto rennen kann.

In dem einen Moment träumte ich noch von „Barbie“ und im nächsten Moment saß ich bei einer Fachärztin für entwicklungsverzögerte Kinder.

Ich habe mich früher immer gefragt, wozu diese gelben Untersuchungshefte gut sein sollten, die man zur Geburt seines Kindes dazubekam. GENAU DAFÜR! Nicht etwa, um uns zu ärgern, dass wir ständig zum Kinderarzt rennen mussten.

Nein, um festzustellen, ob sich das Kind richtig entwickelt und ob man eventuell mal mit einem Facharzt genauer draufschauen sollte.

"*Ihr Kind hat eine Entwicklungsverzögerung, Frau K.*", sagte die zuständige Ärztin in dem kleinen Untersuchungszimmer zu mir. Ich hörte die silberne Uhr, an der gelb gestrichenen Wand, plötzlich lauter ticken.

Ein kurzes Surren in meinen Ohren.

"*Äh, was ?!*"

"*Frau K., Ihr Kind ist nicht richtig entwickelt.*

„In diesem Alter müsste ihre Tochter schon viel mehr können. Stella ist jetzt ein Jahr und 1 Monat alt. Allerdings ist ihr geistiger, muskulärer und körperlicher Zustand auf dem eines 3-5 Monaten alten Säuglings. Andere Kinder in diesem Alter können schon laufen und einige Wörter sprechen. Ihre Tochter ist gerade erst dabei, das freie Sitzen zu üben und selbst das Krabbeln funktioniert ja noch nicht. Sie kann nicht-einmal ihren Kopf halten. Laute kommen auch nicht aus ihrem Mund das müsste auch gefördert werden. Fördern Sie denn ihr Kind? Gehen Sie denn mal raus mit Stella?"

Ich musste schlucken und plötzlich fühlte ich mich dafür verantwortlich, dass Stella noch nicht so weit war.

"*Klar, ich war immer viel mit ihr spazieren und draußen an der frischen Luft aber Stella schläft ja fast rund um die Uhr.*

Selbst für die Milchflasche muss ich sie wecken.", sagte ich.

Aber: *"Mein Gott, ich bin eine so schlechte Mutter. Ob ich wohl etwas falsch gemacht habe?"*, dachte ich mir.

"Das reicht nicht, Frau K. Bekommt ihre Tochter noch immer die Milchflasche?"

"Ja, wie soll sie denn Brei essen, wenn sie nicht mal den Kopf richtig halten kann?", versuchte ich mich zu rechtfertigen.

"Das stimmt, Sie sollten Ihr Kind trotzdem etwas mehr fördern. Ich verschreibe Ihrer Tochter Physiotherapie, Logopädie und etwas Ergotherapie. Sie sind ja zu Hause und können das regeln und dort immer hinfahren nach der Kita."

"Frau Dr. M., ich mache seit 2 Monaten eine Ausbildung (Vollzeit) und Stella geht in eine normale Kita. Sie wird dort gut versorgt, auch wenn sie dort fast ausschließlich in einem Baby-Reisebett verbringt, weil sie sich ja noch nicht äußern kann. Aber ich weiß nicht, wie das alles gehen soll. Auch zeitlich, weiß ich nicht, wie das funktionieren soll."

"Frau K., Sie machen Ausbildung, obwohl ihr Kind so schwer krank ist? Überlegen Sie sich mal, was wichtiger in Ihrem Leben ist. Ich persönlich würde Ihnen raten, Ihre Ausbildung zu unterbrechen und sich erstmal intensiv um Ihre Tochter zu kümmern. Und Ihre Tochter Stella sollte dringend in eine Integrationskita wechseln, dort ist geschultes Fachpersonal und diese können sich besser um sie kümmern. Dort können die Physiotherapeuten und Logopäden auch während der Kita Zeit vorbeikommen und Stella betreuen"

"Okay, vielleicht haben Sie Recht Frau Dr. M., aber wie wird das weitergehen mit Stella? Wird da noch weitergesucht und geforscht, weshalb die Entwicklungsverzögerung zustande kam oder so? Und wird Stella irgendwann laufen können? Wird sie irgendwann `Mama´ sagen können?"

Die Tränen schossen mir ins Auge. Ich schaute zu Stella herüber, wie sie friedlich mit einer Babyrassel spielte. Mein Mund war ganz trocken und meine Stimme einige Oktaven zu hoch.

"Frau K., das kann ich Ihnen nicht sagen, ob sie irgendwann mal laufen kann. Fördern Sie Ihr Kind einfach mehr und dann wird sich das auch bald bessern. Da können wir jetzt erstmal nicht weiter forschen. Wir sehen uns dann in einem viertel Jahr wieder und dann schauen wir, ob es sich gebessert hat"

Mit einem riesigen Kloß im Hals verließ ich das SPZ (Sozialpädiatrisches Zentrum) und stand vor der Entscheidung: "Mein Kind oder die Ausbildung?"

Wofür sollte ich mich entscheiden? Für mein Kind oder für meine Ausbildung?

"Was bitte ist das denn für eine Frage?", wird sich so mancher Leser denken. Aber diese Frage ist gar nicht so einfach zu beantworten, wie man sich das vermutlich vorstellt.

Stellt euch bitte einmal die 18-jährige Jenna vor, die eigentlich noch ihr ganzes Leben vor sich hatte. Sie träumte von "Edward" aus Twilight und wollte noch so viel erleben und nun hieß es für sie: "Kariere" oder "Hausfrau". Eigentlich zu viel für so ein Naives Mädchen.

Ich starrte nachts, vor dem Schlafen, an die Decke. Die Familie eine Etage über mir trampelte so laut in ihrer Wohnung herum, dass ich mich kaum auf meine eigenen Gedanken konzentrieren konnte, also drehte ich mich auf die Seite und schaute zu Stella rüber, die wie so oft friedlich in ihrem Bettchen schlief. Sie atmete sehr ruhig und gleichmäßig. Man sah, wie sich ihr kleiner Körper immer ganz sanft auf und ab bewegte, so dass ich dann doch endlich der Müdigkeit nachgeben konnte und träumte.

Und das Träumen war dann allerdings intensiver, als alle Träume, die ich bisher kannte.

Ich träumte, wie Stella in ihrer Kita zu mir angerannt kam und mich umarmte. Sie erzählte mir aufgeregt von ihrem Tag und dass sie dann bockig gewesen wäre, weil ihr ein anderes Kind ein Spielzeug weggenommen hätte. Ich beruhigte sie dann so, wie es damals meine Mama bei mir getan hat. Liebevoll und ruhig. Ich gab ihr noch einen Kuss auf die Stirn, bevor sie dann wieder zu ihren Kitafreunden rannte, um mit ihnen zu spielen.

Ich erwachte mitten in der Nacht und mir liefen Tränen über das Gesicht. Es war stockdunkel im Zimmer und ich konnte mich erst gar nicht richtig beruhigen und steigerte mich dadurch in einen Heul-krampf hinein, sodass ich letztendlich nur noch jammerte und mir große Tränenflüsse aus den Augen und Rotze aus der Nase lief.

In diesem Moment wurde mir klar, dass mir in meinem Leben nichts wichtiger war, als meine Tochter., mein eigenes Fleisch und Blut.

Und ich wünschte mir nichts sehnlicher, als dass sie mal Mama zu mir sagen würde.

Meine Entscheidung stand nun fest. Ich wollte meine Ausbildung unterbrechen, mit der Hoffnung, eventuell irgendwann wieder dorthin zurück zu finden. Nur mein Arbeitgeber wusste davon noch nichts.

Ich hatte Bauchschmerzen vor dem Gespräch und ließ mich erstmal eine Woche krankschreiben, um nicht mit der Arbeit konfrontiert zu werden.

Dann noch eine weitere Woche.

Vermutlich hätte das ewig so weitergehen können. Aber in der dritten Woche habe ich mich dann doch wieder getraut zu gehen, um das Gespräch zu suchen.

Meine ganze Familie war stolz auf mich. "Meine Tochter im Bundesministerium!!", sagte meine Mama noch mit erhoben Haupt und strahlte dabei.

Auch mein Papa war super stolz und freute sich, was das Zeug hielt. Alle kamen zum Tag der offenen Tür zum Bestaunen des neuen Arbeitsplatzes. Oma, Opa... einfach alle!

Und keine 2 Monate später saß ich mit gesenktem Kopf vor meiner Ausbilderin und musste ihr sagen, dass ich die Ausbildung nicht weiter machen kann.

Hätte ich mir dort gegenübergesessen. Ich weiß nicht. Vermutlich hätte ich mich verarscht gefühlt.

Aber meine Ausbilderin war super nett und hat die Situation verstanden und mir gesagt, dass ich mich natürlich später jederzeit melden könnte, um wieder eine Bewerbung abzugeben.

"NA KLAR! ich habe es damals aus über 8000 Bewerbungen geschafft eine von 4 Ausbildungsstellen zu bekommen. Der Zug ist abgefahren. Vermutlich gibt es für solche Fälle sogar eine "schwarze Liste", in die alle Personen eingetragen werden, die nicht das Zeug dazu haben und es nicht würdig sind, solch einen Ausbildungsplatz zu erwerben."

So, oder so ähnlich habe ich mir das jedenfalls damals vorgestellt und ich wusste, dass ich mir meine Kariere für lange lange Zeit abschminken kann.

Doch nur die Ausbildung zur Verwaltungsfachangestellten habe ich an den Nagel gehangen. Die Ausbildung zur Mama, Köchin, Krankenpflege, Tröste-Assistentin, Sozialarbeiterin, Physiotherapeutin, Logopädin, Taxifahrerin, Dolmetscherin, Erzieherin, Psychologin, Ergotherapeutin, Windelwechslerin und Kuschelexpertin sollte gerade erst in den Anfängen stecken.

Das darauffolgende Jahr wurde deshalb zu einem sehr ereignisreichen und unvorhergesehenen Jahr.

Wie die Depression mich in ihre Spirale trieb

Es geht immer weiter! Egal, was für Entscheidungen man so trifft im Leben.

Doch das Leben nimmt oft keine Rücksicht auf deine Verluste, deine Gefühlswelt, deine Gedanken, dein Umfeld oder deine jeweilige Verfassung.

Das Leben ist hart und auch ich musste das lernen und aus meiner rosa roten Hello Kitty Blase heraus kommen um das wahre Leben kennen zu lernen.

So stand ich nun da.

Allein.

Einen Partner fürs Leben wünschte ich mir zwar sehnlichst, der nicht nur mich, sondern auch meine geliebte Stella akzeptiert, allerdings war das schwieriger, als ich gedacht hätte.

Ich war in einer Partnerschaft, als ich schwanger war. Er durchlebte fast die komplette Schwangerschaft mit mir gemeinsam (nachdem mich ja der leibliche Erzeuger sitzen gelassen hatte), war bei der Geburt dabei und auch im ersten Lebensjahr von Stella. Er nannte sich selbst immer "Papa von Stella“, wenn wir irgendwo waren.

Ich sagte nichts dagegen, denn ich wünschte es mir so sehr. Doch als ich ihn am meisten gebraucht hatte, ging alles in die Brüche.

Mein damaliger Anker, Meine Stütze und meine Liebe, mein Partner und gleichzeitig ein Papa für Stella waren von einem auf den anderen Moment ein Haufen Asche.

Seine Ex-Freundin spielte in seinem Leben eine größere Rolle, als ich dachte. So musste ich damals einige SMS lesen, die mich sofort aus der Bahn warfen.

Nur einen Monat nach dem Umzug in die gemeinsame Wohnung mit ihm, mussten wir deshalb schon die Kündigung einreichen und ich zog wieder zu meinen Eltern. Für mich zerbrach eine Welt.

"*Was für eine Blamage!*“, dachte ich mir. Nun werde ich also doch zu einer Assi-Mutter.

Kein Zu Hause für meine Stella und mich, keine Arbeit, keinen Partner. Und was war mit meinen Freunden?

Gab es nicht! FEHLANZEIGE!

Alle meine Freunde in meinem Alter waren auch erst 18 Jahre alt und lernten gerade selbst auf eigenen Beinen zu stehen. Dort ging es vermutlich nur um Partys, Schule und Führerscheinprüfungen.

Der Vater (bzw. Erzeuger) von Stella behauptete dann sogar, nicht der Vater zu sein und verlangte einen Vaterschaftstest.

Auch das war solch eine Demütigung.

Das fühlte sich alles so an, als wüsste ich nicht einmal, von wem ich mein Kind hätte. Ich fühlte mich wie in einer dieser schrägen RTL Sendungen, in denen der Vater ausfindig gemacht werden sollte.

Diese Sendungen mit Menschen, mit denen ich mich aber überhaupt nicht identifizieren wollte.

Ich wurde bloßgestellt, obwohl ich nichts verbrochen hatte.

Ich war am Ende.

Da kam für mich zum ersten Mal die Frage auf: Was genau bedeutete eigentlich das Leben?

Wie viel könnte ich noch ertragen? Wie viel Last konnte einem Menschen in meinem Alter noch auf den Rücken geschnallt werden, ohne zusammen zu brechen?

Ist das Leben nicht Glück? Die Liebe?? Oder besteht das Leben nur darin, zu arbeiten? Oder nur um Kinder zu bekommen? Oder was genau ist das Ziel?

Und warum ist denn nun mein Leben weniger Wert, als das eines Schauspielers, Sängers oder das eines Politikers?

Für mich war das Leben so kostbar. Egal woher man kommt, wohin man geht, was man schon getan hat oder wie berühmt man ist.

Zumindest war ich immer dieser Auffassung.

Ich war auch immer fest davon überzeugt, dass Stella das wundervollste und schönste Wunder war, welches mir passieren konnte. Dass sie mein Lebensinhalt war.

Mein Ziel war es nur, diese Hürden zu meistern und alles auf die Reihe zu bekommen.

Ich erinnere mich noch genau an das Gefühl endlich Mutter gewesen zu sein. Ich war so wahnsinnig glücklich.

Dieses kleine Geschöpf in meinen Armen. Nichts weiter zu fühlen, außer: Liebe.

Doch ich erinnere mich auch an die dunklere Zeit, als ich mittellos wurde und Harz IV beziehen musste, weil ich meine Ausbildung unterbrochen hatte.

Selbst aus den eigenen familiären Reihen musste man Sprüche ertragen, wie beispielsweise: *"Ich zahle Steuern, um Leute zu finanzieren, welche nur auf den Taschen des Staates leben. Die sind alle faul!"*

Diese Sprüche, abwertende Blicke und Ausgrenzungen von Freunden führten dazu, dass ich mich wieder fühlte, wie ein kleines nutzloses Geschöpf.

Ohne Perspektive.

Die Zukunft schon prophezeit, bevor ich überhaupt erst anfangen konnte zu leben. Niemand hatte an mich geglaubt und am allerwenigsten ich an mich selbst.

Also wenn doch sowieso alle so schlecht von mir denken, könnte ich es doch auch so machen, wie sie sich das so denken, oder?

Ich stürzte mich dann am Ende des Monats auf das Harz IV, ging davon shoppen, einkaufen, feiern und bestellte mir teure Liefer-Pizza.

Blicke beim Einkaufen, wenn Stella noch in die Baby-schale musste, obwohl sie schon zu groß dafür war, konnten mir mittlerweile nichts mehr anhaben.

Ich hatte mir nun eine schützende Mauer gebaut.

Ja, Stella war über ein Jahr alt. konnte weder sitzen noch laufen noch sprechen geschweige denn Brei essen.

Sie lag meistens nur auf einer Krabbel-decke oder im Kinderwagen und lächelte mit ihrer neuen Babybrille alle an, die sie anschauten.

Mein Vorbild!

Die Leute guckten doof. Doch Stella lächelte. Genau das tat ich jetzt auch.

Und wenn jemand mich zu lange anstarrte und man die Blicke schon spüren konnte, dann erklärte ich immer ganz freundlich, dass mein Kind nicht gesund ist, sie eine Entwicklungsverzögerung hat und deshalb noch im Kinderwagen/Baby-schale liegt, worauf hin dann ein erleichtertes:" AAAHH verstehe!", kam.

Dann konnten alle Beteiligten wieder ihres Weges gehen. Danke für nichts!

Pro-Tipp, für alle, die nicht wissen, wie sie in solch einer Situation mit jemanden umgehen sollten:

Entweder: IGNORIEREN

ODER: einfach nachfragen und nicht anstarren. Es gibt nichts Schlimmeres als das!

Wobei... schlimmer noch als das ist es, wenn man sagt: ist das Kind nicht ein bisschen groß für den Kinderwagen? (oder Babyschale etc.).

Bitte bitte bitte tut mir diesen Gefallen! Nicht nur für mich, sondern auch für alle anderen Mütter, die das tagtäglich erleben.

Denn genau solche Situationen haben mich dazu gebracht, mein Leben in Frage zu stellen.

Ich hatte Selbstmordgedanken, die ich nur durch Stella wieder verworfen habe. Denn wer hätte sich dann um sie gekümmert? Vermutlich meine Eltern.

Meine Eltern gehen beide arbeiten. Einer von beiden hätte dann vermutlich irgendwann auch den Job hingeschmissen, um sich besser um Stella kümmern zu können.

Nein, das war keine Lösung.

Also ließ ich mich erstmal gehen, brachte Stella unregelmäßig in die Kita, verschlief Arzt-Termine und gab Geld aus, welches ich nicht hatte.

Die Depression hatte mich voll im Griff, auch wenn ich zu diesem Zeitpunkt noch nichts davon geahnt hatte.

Das Auto, dass gegen die Wand fuhr

Man sagt immer, dass das Leben, wie eine endlose Zugfahrt ist. man steigt irgendwann ein. Einige Passagiere kommen dazu.

Einige steigen dann zwischendurch wieder aus. Manche haben die Economy-Class, manche die First-Class. Und manche fahren gar nicht mit dem Zug, weil ihnen das viel zu Mainstream wäre. ;)

Denn das folgende Jahr fühlte sich rückblickend so an, wie ein Autounfall. In Zeitlupe. Ganz langsam fährt das Auto mitsamt dem Fahrer gegen die Wand.

Ich schreie noch: *"Mach verdammt nochmal die Augen auf! Mensch, vor dir ist eine Wand! Da geht es nicht weiter! Du musst einen anderen Weg einschlagen!"*

Doch ich hörte mich selbst nicht mehr und musste gegen die Wand fahren, um dann wenig später mit nur einigen "Brüchen" davonzukommen. Brüche, die aber nur innerlich stattfanden.

Das Jahr vernünftig zu ordnen ist so, als müsste ich die Sandkörner am Strand zählen... UNMÖGLICH!

Denn es kam alles so schnell und so verwirrend. Es passierte einfach. Ich war vermutlich nicht mal der Autofahrer, sondern nur Beifahrer und musste alles mit ansehen, ohne etwas daran ändern zu können.

Nach monatelangem Warten war endlich der Vaterschaftstest durch und ich hielt den Brief in der Hand. Herr L. ist zu 99,99999%iger Wahrscheinlichkeit der Erzeuger von Stella Tracy K.!

Ich war nicht nur erleichtert, dass er der Vater war. NEIN ich war erleichtert, dass nun endlich alles schwarz auf weiß in einem Brief stand, denn es kam dadurch wieder ein wenig Würde zurück.

Wenn es viel Gerede um einen herumgibt, ist man sich irgendwann selbst nicht mehr so sicher, wer man nun ist, war oder sein wird.

Jetzt, wo er nun offiziell als "Vater" galt, wollte er sich natürlich um seine Tochter kümmern.

Dass sie aber schon 1 1/2 Jahre alt war, sie ihn gar nicht richtig kannte, er sie selbst auch nicht und der Fakt, dass Stella eine Behinderung hatte, machte das Ganze noch schwieriger.

Schließlich hatten wir fast 2 Jahre keinen Kontakt, außer über das Jugendamt.

Er ging ohne Vorurteile an sie ran, weil er nicht wusste, was ich schon wusste und es war mir sogar ein wenig peinlich es ihm zu erzählen. Schließlich hätte das ja bedeuten können, dass etwas mit mir nicht stimmte und Stella deshalb so ist, wie sie ist.

"Ich bin also weniger Wert, weil ich kaputt bin.", dachte ich damals.

Wie das Leben so spielt, versuchten wir, für unsere Tochter, der Beziehung eine zweite Chance zu geben. Schließlich hatte es ja damals einen Grund, weshalb wir zusammen waren. Wir liebten uns doch irgendwo und ich sehnte mich nach einer perfekten Beziehung mit dem Vater meiner Tochter.

Doch ich war schon zu sehr in der Depressions-Spirale.

Ich verlor den Faden, den Sinn für Humor, Freunde und mein Selbstvertrauen.

Es war eine Kurzschlussreaktion, mit dem letzten Geld des Monats in einen Club zu gehen, mich volllaufen zu lassen, die Gedanken wegzuspülen. Ich lud meinen Ex-Freund ein, auch zu kommen. Der Ex-Freund, der bei der Geburt von Stella dabei war.

Zu Hause saß also mein Freund mit unserer Tochter und ich war betrunken im Club und flirtete mit M., um all meine Sorgen zu vergessen. Vor allem aber die Realität.

Doch wenn man traurig und depressiv und dann auch noch exzessiv Alkohol trinkt, kann dabei nichts Gutes bei rumkommen.

Ich philosophierte mit M. im Club über das Leben und fragte ihn: *"Meinst du, mich würde jemand vermissen, wenn ich einfach gehen würde? "*

Er dachte wohl, es wäre nur ein Spaß und sagte nur:*" Na klar, ich!"*, dabei lachte er.

Ich wiederholte es nochmal ein bisschen direkter: *„Also, wenn ich jetzt vor die Bahn springen würde, dann würden mich doch noch mehr Leute vermissen, oder?"*

Er versuchte mich dann natürlich aufzubauen, dass ich doch irgendwann schon wieder glücklich werden würde, dass mich Stella doch brauchen würde und ich solle einfach den Kopf nicht hängen lassen.

Das, was man ebenso darauf antwortet, wenn jemand anderes sagt, dass er sich umbringen möchte.

Denn die Leute nehmen solche kleinen Warnungen einfach nicht ernst. Aber ich kann sagen, dass solche Sätze keinem depressivem Menschen auf der Welt helfen.

Wäre ich nicht so betrunken gewesen und hätte dadurch vermutlich nicht mal den Weg zum Bahnhof gefunden, dann wäre das sehr wahrscheinlich mein letzter Tag gewesen.

Ich kann mich nicht mehr daran erinnern, wie ich zurück zu P. kam, aber ich war noch sehr müde, als er mich fragte, ob ich denn nicht mal aufstehen möchte. Noch leicht schummerig und vermutlich mit Restalkohol im Blut klimperte ich mit den Augen.

Er sagte mir, dass wir zu meinen Eltern fahren müssten, weil sie etwas von mir wollten.

Ich zog mich im Schnecken-Tempo an. Ich hatte die Lust am Leben verloren und das zeigte ich auch nach außen hin.

Ich stieg ins Auto, P. schnallte in der Zeit Stella an und ich beobachtete die Häuser und Bäume, die an uns vorbeizogen, als wir losfuhren.

Sie zogen an uns vorbei, wie mein Leben in diesem Moment.

Wir stiegen aus. Ich voraus.

Meine Eltern öffneten die Eingangstür und ich sah, dass meine damalige Freundin V. im Wohnzimmer saß. Ich war völlig perplex und irritiert und blieb erstmal stehen.

Mein Herz blieb kurz stehen und raste dann tausendfach schneller, als vorher.

"Was zur Hölle ist hier los?", fragte ich.

"Wir müssen mit dir reden! So geht das nicht weiter. Du solltest in eine Klinik! Du machst dich noch kaputt.", höre ich jemanden sagen.

Im Nachhinein kenne ich das Wort für solche Events. Intervention.

Damals wollte ich einfach nur raus aus dem Haus und raus rennen. Ich wurde von P. aufgehalten und ich sackte in seinen Armen zusammen und weinte.

Meine Eltern, meine Freundin V. und mein Freund P. waren der Meinung ich sollte auf der Stelle in psychiatrische Behandlung gebracht werden. Um Stella würden sich meine Eltern kümmern, ich solle mir keine Sorgen machen.

Ich hatte keine Wahl, ich sollte meine Sachen zu Hause packen gehen und dann mich selbst einweisen. Natürlich alles in Begleitung. Ich wurde nicht mehr aus den Augen gelassen.

Am Krankenhaus angekommen, sah ich meinen Papa dann zum ersten Mal weinen. Er weinte einfach und ich wusste nicht, wie ich damit umgehen sollte und weinte dann auch, einfach weil das alles sehr überwältigend für mich war.

Da war sie. DIE WAND. Ich war gegen die Wand gefahren. Gescheitert. Am Ende.

Und jetzt mussten die Scherben aufgesammelt werden, auch wenn man sich an den Scherben schneiden würde.

Stella war es mir Wert zu Kämpfen, also sammelte ich die Scherben auf, indem ich mich behandeln ließ und für die nächsten 7 Wochen stationär und ganz weit weg von meinen Problemen über alles reden konnte, was mich bedrückte.

7 Wochen Psychosomatische Klinik

Ich betrat das Zimmer des diensthabenden Arztes in der Psychosomatischen Klinik. Ich wusste nicht, was mich erwarten würde und sagte deshalb nichts und schaute auf den Boden.

"Frau K. warum sind Sie denn heute hier?" fragte der Arzt sehr gelangweilt.

"Ich weiß es nicht, meine Familie glaubt, ich solle hierherkommen und mich einweisen lassen. Ich glaube ich bin hier aber eigentlich ganz falsch. Ich habe nur ein bisschen gefeiert und gebe Geld aus, dass ich nicht habe und habe glaube ich auch eine Kaufsucht, aber das bedeutet doch nicht, dass ich eine Depression habe, oder?" antwortete ich. - keine Reaktion des Arztes.

Nicht mal ein Aufschauen hielt er für nötig, während er irgendetwas in seine Tastatur hämmerte.

Ich wusste nicht, wie ich mich weiter verhalten sollte und wartete ca. 5 Minuten, bis er mich dann endlich anschaute. Bis dahin hatte ich mich mit jeder weiteren vergangenen Minute noch unwohler gefühlt.

Er erklärte mir dann, was es für Möglichkeiten der Behandlung gebe und dass momentan nur ein Platz auf der Akut Station frei wäre. Dort müsste ich auch alle scharfen Gegenstände, sowie Schnürsenkel und Handy abgeben.

Oh Gott! dachte ich mir. Aber was sollte ich tun.

Meine Familie stand draußen und wollte, dass ich mich einweise, also wollte ich ihnen zeigen, dass ich gewillt bin, etwas zu ändern.

"Okay, dann mache ich das."

Ich wurde dann nach den ersten Formalitäten in mein Zimmer zu Berta* gebracht. Berta war Anfang 50 und redete, wie ein Wasserfall.

Selbst, als ich mich irgendwann abends erschöpft in meinem Bett wegdrehte, hörte sie nicht auf über ihr Leben ungefragt weiter zu reden. Ich war richtig genervt. Besonders von Berta aber eigentlich von allem anderen auch.

Als sie dann endlich schlief, wünschte ich mir dann plötzlich ihr Gequatsche zurück, denn jetzt hörte ich andere Patienten im Gang herumschleichen und manche stöhnten sogar vor sich hin.

Es kam mir vor, wie in einem dieser Horrorfilme, in denen die "verrückten" in einer Psychiatrie so gruselig waren, dass ich wegschalten musste.

Ich hätte es dort vermutlich keinen weiteren Tag ausgehalten, durfte aber zum Glück am nächsten Tag auf die "normale" Station, weil ein Platz frei wurde.

Dort waren zwar auch ein paar komische Leute dabei, aber dort passte ich definitiv rein. Ich war ja schließlich auch ein bisschen verrückt ;)

Ich redete dort über meine Kindheit, über Partnerschaften und über Stella. Alle hatten so viel Verständnis für mich. Und draußen, außerhalb dieser Therapie, da stempelten sie mich ab, als psychisch krank und nicht fähig ein Kind großzuziehen, schon gar nicht ein behindertes.

Der Vater von Stella beantragte dann das alleinige Sorgerecht, weil ich ja in der Klinik war und mich nicht um Stella kümmern konnte. Das alles setzte nochmal einen oben drauf.

In den letzten 2 Wochen der Therapie zog sogar Stella dort mit ein, so dass ich mich wieder daran gewöhnen konnte, mich um Stella zu kümmern.

Am Ende meiner Therapie sah ich sogar Berta wieder. Sie kam auch auf die "normale" Station.

Sie war diesmal ganz anders, sogar viel umgänglicher.

Sie hatte am Anfang wohl die falschen Tabletten bzw. die falsche Dosierung, sagte sie, was dann wohl auch diesen Redefluss bei ihr auslöste.

Sie entschuldigte sich noch ganz lieb bei mir, dass sie mich an dem Abend so vollgequatscht hätte und wünschte mir noch alles Gute. Ich ihr auch.

Ich erwischte mich dabei, dass selbst ich, die selbst dort in Therapie war, solche Vorurteile den anderen dort Gegenüber hatte, dass ich mich ein wenig schämte.

Ich denke mittlerweile: niemand hat das Recht, über jemand anderen zu urteilen, einfach weil man deren Geschichte, Hintergrund und das alles nicht kennt.

Was dachten wohl all die anderen damals über mich? Nie nie nie nie wieder würde ich vorschnell jemanden in eine Schublade packen.

Vielleicht auch für euch etwas zum Nachdenken.

Was soll ich sagen, letztendlich können 7 Wochen niemanden komplett heilen. Aber ich ging etwas gestärkter wieder da raus und lernte dann, mehr auf mich zu achten. Auf meine Bedürfnisse.

Mir war klar, ich bin nicht nur Mutter. Ich bin ein ganz normaler junger Mensch und ich müsste mir auch ab und zu ein paar Freiräume lassen.

Ich lernte auch viel über mich selbst und über andere Menschen kennen. Ich war nicht allein. Nicht nur mir ging es schlecht. Und diese Erkenntnis half mir aus meinem tiefen Loch.

Ich kapselte mich von falschen Menschen ab, war nicht mehr abhängig von deren Meinung über mich oder mein Leben. Musste mich nicht mehr schminken für die anderen. Ich tat es nur noch für mich.

Und in die Erziehung von Stella ließ ich mir ab sofort von niemanden mehr reinreden.

Ein neuer Mensch wurde aus mir. Aus Jennifer wurde Jenna. Aus dem Hello Kitty Fan wurde eine gestärkte erwachsene Frau, mit dem Herz am rechten Fleck.

"Was dich nicht umbringt, macht dich stärker!“, da ist etwas Wahres dran.

Ab sofort lebte ich mein Leben in vollen Zügen. Fuhr in den Urlaub, genoss die Sonne, die frische Luft und war einfach nur dankbar für die zweite Chance im Leben.

Ich war zwar nachdenklicher, aber auch reifer. Und vor allem aber sehr viel stärker, denn jeder, der auch nur annähernd meine Tochter oder mich angriff, bekam es mit voller Löwen-Mama Power zu tun.

Dabei war es egal, ob es aus der Familie kam, oder von Bekannten. Ich riss alles nieder, niemand konnte sich uns in den Weg stellen. Auch bei den Ärzten von Stella blieb es nicht still, wenn mir jemand erklären wollte, ich wäre womöglich noch schuld an irgendetwas. NICHT MIT MIR! ;)

Ich wechselte das SPZ nach der großen Enttäuschung der letzten Ärztin und versuchte ab sofort heraus zu finden, warum Stella eine Entwicklungsverzögerung hat.

Ich kann schon gar nicht mehr aufzählen, was alles getestet wurde, aber es waren viele Gen-Tests.

Es kamen dann noch Fachärzte dazu. Logopäden, Physiotherapeuten und Ergotherapeuten begutachteten Stella nun auch.

Bis zu diesem Zeitpunkt wusste wir nicht, was Stella haben könnte.

Und das alles noch vor ihrem ersten epileptischen Anfall, der bald unsere euphorische Zukunftsplanung zunichtemachen sollte...

**Berta - Name geändert*

Der erste epileptische Anfall von Stella

Ein ganz normaler Tag im Sommer 2013. Stella war mit knapp 2 Jahren körperlich und geistig immer noch auf dem Stand eines 3-6 Monate alten Babys.

Sie konnte nun sitzen. Das Krabbeln und lange den Kopf zu halten, war trotzdem noch sehr schwer.

Stella jammerte an dem Tag ein wenig. Darum legte ich sie, wie immer, zum Mittagsschlaf in ihr Bettchen. Ich dachte, sie sei müde gewesen.

Nach ca. 10 Minuten ging ich nach ihr schauen, weil sie verdächtig ruhig schien. Da sah ich Stella mit den Augen nach hinten gerollt in ihrem Bettchen. Ich rannte zu ihr und nahm sie hoch. Ich merkte, wie sie ganz angespannt war und sich nicht wie üblich, in meinen Arm legen ließ.

Sie war verkrampft und ich legte sie in ihr Bettchen und in die stabile Seitenlage, soweit mir das in ihrem Zustand möglich war.

Sofort griff ich zum Telefonhörer und stammelte nur aufgeregt etwas hinein.

Ob sie mich wirklich verstanden hatten, weiß ich nicht. aber ca. 10 Minuten später traf der Rettungswagen schon ein. Da krampfte Stella nicht mehr sondern jammerte nur noch erschöpft herum.

Trotzdem fuhren wir mit ihr in das nächstgelegenste Krankenhaus und ließen das ganze einmal abchecken.

Man sagte uns damals das wäre kein epileptischer Anfall gewesen, sondern nur ein Fieberkrampf.

Doch bis heute behaupte ich, das war nicht so, denn sie hatte erst hinterher vor lauter Anstrengung Fieber.

Diese Symptome hat sie noch bis heute.

Nach jedem Krampf zeigt sie erhöhte Temperatur an, was aber für mich völlig logisch ist nach solch einer Anstrengung, wenn die Muskeln dauerhaft verkrampfen, wie bei einem Wadenkrampf beispielsweise.

Nur eben nicht nur in der Wade, sondern überall am ganzen Körper.

Und weil es nur einmalig bis dahin vorkam, wollten die Ärzte das logischerweise auch nicht weiter untersuchen und ließen uns dann wieder nach Hause.

Es blieb mir als kleine 19-jährige naive Mutter nichts anderes übrig, als das zu akzeptieren.

Eine Woche später krampfte Stella bei meinen Eltern erneut. Sie verbrachten gerade eine schöne Zeit mit ihr, als sie sich beim Spielen auf dem Boden einfach nach hinten fallen ließ und dabei mit dem Kopf auf dem Boden aufschlug.

Es war zwar keine enorme Höhe vorhanden, aber trotzdem war es ein dumpfes Geräusch und mit Sicherheit tat es weh.

Stella weinte, wie jedes Kind weinen würde, dass sich den Kopf gestoßen hat. Doch kurze Zeit darauf war alles wieder gut und sie spielte weiter.

In der Nacht bei meinen Eltern, habe Stella wohl mehrmals gebrochen, woraufhin sie mit ihr in das Krankenhaus gefahren sind.

Dort wurde sie erstmal nur zur Beobachtung eines SHT-Verdachts eingewiesen.

Doch dort krampfte sie in der Nacht mehrmals.

Ich zitiere den Arztbrief vom August 2013:

„Das Kind wurde zunächst zur Überwachung bei SHT-Verdacht aufgenommen, da sich Stella mehrfach nachts nach einem Bagatelltrauma übergab. Nach der Aufnahme krampfte das Kind auf unserer Station in den frühen Morgenstunden zunächst mit den fokal rechtsseitigen Extremitäten mit sekundärer Generalisierung tonisch-klonisch mit Sättigungsabfall. Der Krampfanfall sistierte trotz Diazepam rektal zunächst nicht, nach einigen Minuten jedoch spontan. Etwa eine Stunde später wiederholte sich das Krampfgeschehen in ähnlicher Form mit Beginn im Gesicht und sekundärer Ausbreitung über die linke Körperseite.

Nach der Krampfsituation fiel hohes Fieber und eine Tachykardie bis 230/min auf[...]“

Uff... Also hat mein Kind jetzt auch noch Epilepsie? Die Ärzte konnten es nicht ausschließen und rieten mir, das im SPZ anzusprechen, um eventuelle Gegenmaßnahmen ergreifen zu können. (zb Medikation)

Stella kam kurze Zeit darauf auch in eine neue Kita. In eine Integrationskita. Dort sollte Stella mit anderen gesunden Kindern zusammenspielen können.

Stella brauchte mich in dieser Zeit am meisten. Doch von allen Seiten bekam ich Druck. Ich hatte gefühlte 100 Termine in der Woche. Zur Physiotherapie musste ich immer nachmittags auch noch mit Stella fahren.

Es folgte der schwerste Schritt meines Lebens

Es wuchs mir wieder alles über den Kopf und ich fiel in mein altes Muster der Depression.

Nicht so extrem, wie es beim ersten Mal war, aber ich hatte meine Kaufsucht noch nicht überwunden, so dass ich Dinge kaufte, die ich teilweise nicht einmal zu Hause auspackte, weil ich sie eigentlich gar nicht brauchte.

Ich wollte immer mehr kaufen um dabei die Endorphine (Belohnungsgefühle) während des Kaufens freisetzen zu können, so dass ich mich wieder besser fühlten konnte.

Doch irgendwann war auch das letzte Geld alle. Also tat ich Dinge, auf die ich nicht stolz bin, aber die zu meiner Vergangenheit gehören. Ich klaute Lebensmittel im Supermarkt. und zwar ganze 2-mal.

Einmal ging es gut. Beim zweiten Mal wurde ich erwischt. Vielleicht wollte ich erwischt werden. Vielleicht war es ein Hilfeschrei. Ich weiß es nicht.

Aber eines war das positive an der ganzen Geschichte: Ich bekam vor Gericht keine Strafe, weil es das erste Mal in meinem Leben war.

Dafür bekam ich die Auflage, mich 6 Monate lang, jede Woche 1 mal mit einer Familienhilfe zu treffen, die mich unterstützen sollte.

Das war das Beste, was sie mit mir machen konnten.

Ich hätte vermutlich noch mehr Zeit gebraucht mit meiner Familienhilfe, denn kaum waren die 6 Monate rum, ging es mir wieder schlechter und ich wurde wieder unpünktlich und verschlief wieder viele Termine.

Ich traf mich dann trotzdem noch ein letztes Mal mit meiner Familienhilfe, um ihr mein Problem zu schildern, dass ich all dem nicht gewachsen wäre und ich keine Kraft mehr hätte das alles durchzustehen.

Sie vereinbarte mit mir zusammen ein Termin beim Jugendamt. Der für mich beste Mitarbeiter, der bei uns hier im Jugendamt sitzt: Herr J.

Er hatte Verständnis für meine Situation. Es war kein Typischer Mitarbeiter, wie man es so vom "hören, sagen" kennt. Er war einfühlsam, direkt aber auch freundlich und hilfsbereit. Er wollte mir helfen. Das spürte ich einfach.

Er sagte, er könne mit meinem Einverständnis nach einer WG mit behinderten Kindern Ausschau halten und mir mit der Betreuung innerhalb der Woche ein wenig die Last nehmen.

Ich könne Stella jederzeit besuchen, sie mir jedes Wochenende nach Hause holen, immer anrufen, wann immer ich möchte.

Aber dafür hätte ich nun auch die Zeit, mich um mich selbst zu kümmern und selbst eventuell eine psychologische Therapie beginnen.

Kein weiteres Wort war nötig und ich brach in Tränen aus.

"Wird mir jetzt mein Kind weggenommen?"

"Nein Frau K., da brauchen sie keine Angst haben.

Wenn sie das nicht mehr möchten mit der Fremdbetreuung, dann können sie sich ihr Kind jederzeit wieder nach Hause holen. Es soll nur ihrer Entlastung dienen und für Stellas Wohl, dass sie vernünftig betreut werden kann. Sie haben trotzdem das alleinige Sorgerecht, wie bisher.", sagte Herr J.

Ich weinte, aber ich wusste, dass es die richtige Entscheidung wäre.

Ich hätte egoistisch sein können und behaupten können, dass ich das alles allein geschafft hätte. Oder ich konnte auch einfach ehrlich zu mir selbst sein, um den Schritt gehen zu können und Stella loszulassen.

Nur für Stella wollte ich entscheiden, damit wenigstens sie ein normales Leben führen könnte, auch wenn sie so eine verkorkste Mutter, wie mich hatte.

Das war die schwerste und härteste Entscheidung in meinem Leben.

Ich hatte die Verantwortung für sie. Und darum musste ich mich auch verantwortungsvoll FÜR SIE entscheiden.

Die Fremde in mir

Euch ist bestimmt schon aufgefallen, dass ich jetzt schon ein paar Tage hier nichts veröffentlicht habe.

Es fällt mir verdammt schwer, über diese Zeit zu schreiben. Es ist eine Zeit, die eigentlich gar nicht so lange her ist, obwohl ich selbst das Gefühl habe, dass das schon Ewigkeiten gewesen sein muss.

Rückblickend glaube ich, dass es eine Fremde in mir war, die dann für kurze Zeit übernommen hat, weil mein wahres ich mit all dem nicht klarkam.

Lächeln auch wenn man sich nicht so fühlt

Ich habe über das Nachfolgende noch mit niemandem gesprochen. Und es nun öffentlich zu machen, ist eine Art der Bewältigung. Mir ist die Zeit so unglaublich unangenehm, dass ich selbst beim Schreiben Schweißausbruch bekomme.

(während ich diesen Text schrieb, musste ich erst einmal eine halbe Stunde Pause machen, mir wurde schwindelig und ich hatte wieder meinen Tinnitus im Ohr)

Also macht euch auf den ehrlichsten und aufrichtigsten Post gefasst, den ihr vermutlich lesen werdet.

Zur falschen Zeit am falschen Ort

Es war eine Nacht und Nebel Aktion, als wir Stella aus der Kita abholten und direkt in die WG für geistig behinderte Kinder und Jugendliche brachten.

Gerade hatte ich noch im Büro des Jugendamt-Mitarbeiters gesessen und überlegt, was das Richtige für Stella wäre und im nächsten Moment sah ich mich nur noch, wie ich alle Sachen von Stella in ihrer Kita zusammensuchte, mir Stella schnappte und mit ihr in das Auto des Mitarbeiters stieg

Ich hatte weiche Knie und hatte Tränen in den Augen, konnte den Erziehern nicht einmal in die Augen schauen.

Ich fühlte mich elend. Schlimmer noch. Ich fühlte mich, wie ein Nichts. Ich hatte versagt.

"Ist das wirklich die richtige Entscheidung?" Was werden meine Eltern sagen? Was wird meine ganze Familie jetzt von mir halten? Mein Kind geht ab jetzt in ein Heim."

Ich konnte es nicht aussprechen schon gar nicht denken.

Bis heute hat sich bei mir das Wort "Einrichtung" eingeprägt, das hörte sich einfach schöner an und ich fühlte mich damit besser, wenn ich anderen davon erzählte. Auch wenn es aber genau das ist: ein Heim.

Dort angekommen liefen wir den langen Flur zu den Räumen entlang. Stella im Kinderwagen voraus.

Die neuen Erzieher der Einrichtung saßen an einem großen Tisch im mittleren Raum, von dem die Gruppenräume abgingen. Sie musterten mich schon, bevor ich überhaupt den Gruppenraum betrat und ihr Blick verriet, was sie von mir hielten.

Ich senkte den Kopf und wollte einfach nur ganz ganz schnell verschwinden oder im Erdboden versinken.

Ich unterschrieb ein paar Dokumente. Konnte mir vor lauter Scham und Tränen in den Augen die Sachen nicht richtig durchlesen. Dann war offiziell soweit alles geklärt.

"Frau K., Sie wollen dann Stella trotzdem jedes Wochenende (Freitag) abholen und sonntags wieder zurückbringen?"

"Ja, das möchte ich!"

"Wir werden ein Mutti-Heft für Sie und uns zur Kommunikation einrichten und da schreiben Sie dann einfach rein, ob beziehungsweise wann Stella das nächste Mal wieder nach Hause kommen soll, damit wie unser Personal planen können.

Die ersten 4 Wochen allerdings muss Stella erst einmal hier bleiben zur Eingewöhnung.

Sie können sich natürlich jederzeit bei uns melden und nachfragen, wie es Stella geht."

Stella war glücklich

Nun war der einzige Grund, weshalb ich das alles noch durchgestanden habe innerhalb der Woche weg. Am

Wochenende hätte ich die Zeit genießen können, mal etwas für mich tun zu können.

Doch mit den Gedanken war ich nur bei Stella und mich plagte das schlechte Gewissen.

Nur zwei Wochen nach diesem ersten Gefühl der Leere trat zum ersten Mal "die Fremde in mir" hervor.

Die Maske wurde aufgesetzt

Ich putzte mich heraus, schminkte mich, setzte meine Maske auf und tat so, als wäre nichts geschehen. Schauspielern lag mir schon immer, gerade, wenn es um meine eigenen Gefühle ging.

Ich nahm an diesem Abend zum ersten Mal Drogen.

Im Vollrausch ließ sich der Schmerz in mir drin besser ertragen.

Gewünscht hatte ich mir, dass der Schmerz für immer geht, doch Gott (oder wer auch immer auf mich aufpasst), hatte/ hat etwas anderes mit mir vor.

Ich musste vermutlich erst sehen, wie es ist, wenn man am Boden liegt. Die Nase blutig vom Ziehen der billigen Drogen und das Herz rasend.

Zuerst waren die Gedanken positiv und euphorisch. Ich hätte im Rausch am liebsten alles sofort besser getan.

Z.B.:

- alle elektrischen Geräte verkauft, denn das ist alles nicht gut für uns
- morgen am besten eine neue Ausbildung begonnen
- am allerliebsten nur noch BIO gekauft
- mir Stella schnell wiedergeholt

Ich hatte gefühlt 100 Ideen alles besser zu machen und eine Idee unrealistischer, als die andere. Doch sobald die Wirkung nachließ, verfiel ich eher dem Gegenteil. Lustlosigkeit, Müdigkeit, depressive Verstimmung und Selbstmordgedanken.

Das ist der typische Kreislauf einer Droge. Man möchte diese negativen Gedanken wieder wegbekommen, also nehmen die meisten dann wieder Drogen.

Ich kann sagen, dass dies rückblickend die schlimmste Zeit in meinem Leben war.

Ich lud ständig Leute zu mir nach Hause ein, feierte Partys, trank Alkohol und zog meine "Line". Stella existierte in meinen Gedanken nur ganz weit weg. All die Probleme waren nichtig. Es war alles für einen kurzen Moment nicht real.

Ich hing mit Leuten ab, die in der Gesellschaft ganz unten angekommen waren. Ich gehörte nun dazu. Mir war alles egal.

Das Ganze ging ca. 2 Monate, bis mir von einem auf dem anderen Tag alles verging.

Der Tag, an dem Stella wieder einen Anfall bekam. Dieser holte mich in die Realität zurück.

Ohne Schlechte Ereignisse, gäbe es auch keine Guten

Ich hörte den Wecker klingeln. Ich blinzelte mit den Augen. Welcher Tag ist denn heute? Wie spät ist es? Und wer hat den Wecker gestellt?

Wie von der Tarantel gestochen, saß ich plötzlich im Bett. Mir fiel auf, dass mein Wecker überhaupt gar nicht geklingelt hatte, sondern, dass es ein Anruf aus der Einrichtung war, in der Stella untergebracht war. Ich räusperte mich kurz, um nicht verschlafen zu klingen und ging dann schnell an das Handy.

"Ja, HALLO?"

"Frau K., Ihre Tochter Stella ist auf dem Weg ins Krankenhaus, sie hatte einen epileptischen Anfall."

Ich war sofort hellwach und musste nun nichts mehr vorspielen. Mein Herz raste, als wäre ich gerade 100 Treppenstufen hoch gerannt.

"Was? Oh Gott, wie denn das? Und wo wurde sie hingebracht?"

"Stella sollte sich ihre Schuhe anziehen und hat dabei gebockt, sodass sie sich nach hinten auf den Boden schmiss. Dann fing sie an zu krampfen. Sie ist jetzt im Klinikum BS. "

"Alles klar, ich mache mich sofort auf den Weg. Danke, Tschüss."

Zähneputzen, Haare kämmen und schicke Klamotten sind völlig überbewertet. Mit Jogginghose und wuscheligem Dutt stieg ich in mein Auto.

Die ganze Autofahrt über machte ich mir Gedanken.

Was für eine Mutter war ich, dass ich nicht da war für sie in der letzten Zeit. Klar, am Wochenende kam Stella nach Hause aber innerhalb der Woche traute ich mich nicht mal in der Einrichtung anzurufen.

Ich liebte sie schon immer abgöttisch, doch nun hatte ich Angst vor den Gefühlen, die sich dazu schlichen.

Sie würde vermutlich nie Mama sagen, wir würden keine Gespräche unter Frauen führen und über komische Leute in der Bahn lästern. Sie würde mich nie umarmen und "ich hab dich lieb" sagen. Keine Berührungen, kein Kuscheln und kein streicheln.

Denn das alles mochte sie nicht. Als sie noch ein Baby war, machte ich es alles so, wie ich es von Zu Hause kannte. Doch umso älter sie wurde, umso mehr lehnte sie meine Nähe ab.

Ich bin sehr liebevoll als Kind aufgewachsen und wollte es auch so weitergeben, denn ich empfand es immer als schön.

Doch all diese Dinge, die ich von zu Hause kannte, durfte ich nie tun, denn Stella war dagegen. Das alles fehlte mir sehr. So sehr, dass es weh tat.

Mir liefen die Tränen über das Gesicht. Die Autobahn verschwamm durch meine Tränen gefüllten Augen und ich musste an eine Raststätte ranfahren, um meinen Gefühlen freien Lauf zu lassen.

Ich habe so noch nie geweint.

Laut.

So, wie man es vermutlich nur aus Filmen kennt. Meine Augen waren rot und meine Taschentücher nass, als ich dann nach ein paar Minuten wieder los fuhr.

Mit Herzschmerz und verheulten Augen kam ich am Krankenhaus an.

Ich erkundigte mich an der Rezeption, wo ich sie denn finden würde und wurde in die Notaufnahme geschickt.

Stella lag in einem Krankenbett für Erwachsene und war an sämtlichen Monitoren angeschlossen. Sie nahm nicht ein mal 1/4 von dem Bett ein und schien darin so verloren. Die Schwestern und die Ärztin kümmerten sich liebevoll um sie.

Sie schlief tief und fest. Die Medikamente, die den epileptischen Anfall stoppen sollten, machten sie ziemlich schläfrig, schlapp und müde.

Nach einem kleinen Gespräch mit der Ärztin sollte ich noch zur Rezeption rüber gehen, um das Formelle zu klären.

Dort sollte die Krankenkarte abgeben werden und einige Unterschriften geleistet werden, damit Stella dort behandelt werden durfte.

Während die nette Dame von der Rezeption alles ausdruckte, hörte ich, wie sich eine andere Frau im Wartebereich mit anderen Wartenden darüber aufregte, dass sie mit ihrem fiebernden Kind schon seit zwei Stunden auf eine Behandlung warten würde.

Ich schaute rüber zu ihrem Kind, welches gerade fröhlich in der Spielecke spielte und noch ziemlich fit aussah.

Sie sprang dann plötzlich auf und unterbrach die Rezeptionistin wutentbrannt beim Erklären der Dokumente mit einem:

"Hallo?! wie lange soll ich denn noch warten?".

"Warten Sie bitte, ich rufe sie gleich auf, sobald ein Arzt Zeit hat.", unterbrach die nette Dame sie direkt.

Die Rezeptionistin dreht sich wieder zu mir um und wollte mir weiter die Dokumente erklären, doch die Mutter unterbrach sie gleich wieder.

"Ich warte hier schon SEIT ZWEI STUNDEN AUF EINEN ARZT! Was machen die denn bitte alle? Die ganze Zeit Pause, Kuchen essen und Rauchen, oder wie?"

Da platzte mir der Kragen. Wochen-langer Frust und Wut der letzten Jahre, ja vielleicht sogar Wut über mich selbst bündelte ich in eine einzige Minute.

"Seien Sie verdammt nochmal froh, dass sie warten DÜRFEN! Ich verstehe, dass sie ein krankes Kind haben, dass fiebert aber das hier ist eine Notaufnahme und kein normaler Kinderarzt! Da drin arbeiten Ärzte und Schwestern sehr hart und retten gerade meinem Kind das Leben! Setzen Sie sich gefälligst hin und warten sie, verdammt nochmal! Ich wäre froh, wenn ich nicht im Krankenhaus sein müsste!

Mein Kopf wurde hochrot.

Stille.

Niemand hatte mit dieser Reaktion von mir gerechnet. Die Mutter setzte sich wieder murrend hin und die Rezeptionistin schaute mich respektvoll an. Sie formte ihre Lippen zu einem Danke und ich bin mir sicher, damit meinte Sie nicht nur meine Unterschrift auf dem Dokument.

ENDE

der Blog-Einträge, über die ersten Jahre mit Stella.

Es folgen nun die nächsten Jahre bis 2019.

„Jeder ist ein Genie! Aber Wenn du einen Fisch danach beurteilst, ob er auf einen Baum klettern kann, wird er sein ganzes Leben lang glauben, dass er dumm ist.“

Albert Einstein

Die Kehrtwendung

Ich betrat das Zimmer. Auf der einen Seite des Zimmers lag Stella in einem Krankenhausbett. Auf der anderen Seite lag ein anderes Kind, in Stellas Alter, ebenfalls im Bett für Babys.

Die Mutter lehnte sich gegen das Gitter und schaute ihrem Kind beim Schlafen zu. Sie schaute kurz auf, als sie mich sah und lächelte kurz. Dann sah sie auf ihr Handy und tickerte herum. Ich ging zu Stella rüber, die auch seelenruhig schlief.

Ein Tropf hing an ihrer Hand und ihr großer rechter Zeh leuchtete von dem Gerät, dass die Sauerstoffsättigung misst. Die Monitore zeigten nichts Bedrohliches an. Sie schaute gerade so „normal“ aus, dass die andere Mutter vermutlich nicht einmal bemerkte, dass Stella anders ist. Sie riss mich aus meinen Gedanken, als sie mich fragte, warum wir hier wären.

„Epilepsie“, antwortete ich nur flüchtig. Eigentlich wollte ich gerade nicht reden. „Oh, das ist ja echt blöd.“

Ich spürte die Pause und fragte dann höflicher weise: „Und ihr Kind?“.

„Liam hat ne Batterie verschluckt. Ich sagte noch zu ihm er soll die weglegen. Tja naja das war die Batterie aus dem komischen Spielzeug von Lisa. War ja klar, dass das irgendwann passieren würde…

~ [ca. 10 Min. Später] ~

... ja und so ist dann Tante Anneliese mit ihrem Mann zusammengekommen."

„Ah, ok." Ich habe nur die Hälfte von dem gehört, was sie mir erzählt hat. Ungefragt wusste ich nun ihre halbe Lebensgeschichte. Ich hatte schon Kopfschmerzen. Ob das am vorherigen Weinen lag oder an dem endlosen Gequatsche der Frau, weiß ich nicht. Aber ich war verdammt froh, als dann ihr Freund mit der Netto-Plastiktüte und den darin liegenden Wechselsachen auftauchte und mich so unbewusst rettete.

Endlich konnte ich meine Familie benachrichtigen. Ich richtete extra eine Messenger Gruppe ein, um nicht allen einzeln schreiben zu müssen. Ich weinte leise, denn auch wenn ich mit allen im Kontakt war, war ICH die Jenige, die hier im Krankenhaus war. ICH musste sie so sehen.

Hilflos und down. Ich war einsam. Sehr einsam. Doch ich sollte mich zusammenreißen, denn schließlich war Stella diejenige, die da lag und nicht ich.

Die Nacht dort war bescheiden. Ich konnte gefühlte 100 Telefongespräche mit Peggy, Finnja und Co. mithören, denn die Frau auf der anderen Seite des Zimmers, nahm keine Rücksicht auf uns.

Stella störte das alles nicht, denn sie hatte noch sämtliche Medikamente in sich, die sie noch im Land der Träume ließen.

Doch ich selbst hatte Augenringe von der Nacht und war sehr gereizt.

Solche Nächte mit verschiedenen Müttern- manchmal auch Vätern, anderen Kindern und Ärzten und unterschiedlichen Krankenhäusern hatte ich ab diesem Tag noch gefühlt 50 weitere Male.

Es fällt mir schwer, all diese Ereignisse aufzulisten. Es waren einfach zu viele. Aber sie liefen immer gleich ab. Stella kam in die Notaufnahme, wurde kurz versorgt, sodass sie nicht mehr krampfte und die Normwerte wieder erreicht wurden.

Dann kam sie auf Station, ich sah andere Familien, hatte viele Gespräche mit ihnen.

Einige waren nett, mit denen habe ich bis heute noch Kontakt, andere waren eher nervig und ich war froh, wenn sie gingen. Dann hatten wir, in der Regel, einen 3-7 Tage langen Krankenhausaufenthalt.

Stella erholte sich dann wieder ca. 3-4 Wochen von dem Anfall, indem sie das verlernte dann wieder neu lernte.

Wie oft fing sie wieder von neuem an zu krabbeln, zu brabbeln und an der Hand zu laufen. Bis ihr dann wieder ein Strich durch die Rechnung gemacht wurde und sie wieder einen Anfall bekam, der ihr alles wieder nahm.

Eine Dauerschleife. Ohne Aussicht auf Besserung.

„Mit dummen Menschen zu streiten ist wie mit einer Taube Schach zu spielen.
Egal, wie gut du Schach spielst, die Taube wird alle Figuren umwerfen, auf das Brett kacken und herumstolzieren, als hätte sie gewonnen“

Unbekannt

Von Zwei auf Drei

Wir Menschen sind von Grund auf nicht dafür gemacht, allein zu sein. Wir sehnen uns alle nach einem geliebten Menschen, der uns wertschätzt und liebt, so wie wir sind.

Das passende Gegenstück im Leben zu finden stellt sich dabei manchmal als unlösbar heraus.

Manchmal stelle ich mir die Menschen in Kategorien vor.

Kategorie 1: Manche finden ihre große Liebe schon im Kindergarten und heiraten diesen Menschen dann sogar irgendwann.

Bekommen 1-2 Kinder. Haben einen großen Garten, tolle Jobs werden alt und grau mit dem Partner.

Irgendwann sterben sie mit 103 Jahren in ihrem Haus, umringt von all ihren Lieben. Happy End sozusagen.

Oder **Kategorie 2:** Es gibt auch die, die ewig Single sind und das auch so wollen. Auf Partys herumlungern und immer versuchen jemanden „flachzulegen“.

Zählen ihre Errungenschaften, wie andere ihre Briefmarken. Wollen nichts Festes und nur Spaß haben. Sie sind glücklich mit kurzen Romanzen und brauchen nichts weiter.

Oder wiederum **Kategorie 3:** Sie sind in ihrem Leben mindestens 10-mal mit ihrer GROßEN LIEBE zusammen.

Immer unterschiedliche Menschen.

Es sollte wohl nie der richtige dabei sein. Zwischen der letzten Partnerschaft und der neuen liegen keine 2 Wochen und schon ist es wieder die große Liebe mit Mann/Frau Nr. 11.

Tja alle haben ihre Gründe, weshalb sie dieses oder jenes machen. Doch eines wollen alle: geliebt werden!

Ich gehörte eher so zu einer Mischung aus allen Kategorien. Ich wollte am liebsten in die Kategorie 1 passen. Bekam aber Männer aus der Kategorie 2 und musste dann widerwillig feststellen, dass ich wohl doch eher in die Kategorie 3 passe.

Und wenn man in einem Dorf lebt, dann spricht sich das schnell rum, wenn du schon 2 Männer hattest. Denn die kennen sich alle untereinander und es wird geschnattert, was das Zeug hält.

Da trifft man sich mit Mann Nummer 3 und der kennt dich eigentlich schon vom Hören-sagen.

NA großartig!

Da vergeht einem doch das Schöne am Single-Dasein. Ich hatte erstmal genug.

Ohnehin hatte ich ja schon genug mit Stella zu tun.

Aber wie schon erwähnt: Jeder Mensch möchte geliebt werden.

Ich hatte mir zum Selbstschutz vor der bösen Männerwelt geschworen, dass ich auf keinen Fall in der nächsten Zeit einen Mann daten würde.

Die wollen nur das „Eine“ und das konnte ich mit Stella ja wohl kaum gebrauchen.

Ich stellte mir den perfekten Traummann einfach vor: Nett, gutaussehend, ab und zu auch mal etwas forsch, um mich in die Schranken zu weisen. Ein toller Papa für Stella und vielleicht irgendwann ein Papa für Kind Nr. 2.

„Kannste vergessen, solche Männer findet man schwer. Man muss auch realistisch bleiben. Es gibt keine perfekten Männer“, hätte vermutlich meine Mama damals zu mir gesagt.

„Ich bin ja wohl der perfekte Mann, oder nicht?“, wäre dann höchstwahrscheinlich die verschmitzte Antwort meines Papas gewesen.

Ich hatte zu meinen Eltern schon immer ein sehr aufrichtiges, offenes und humorvolles Verhältnis. Aber über Probleme mit Männern wollte ich zu dieser Zeit dann doch nicht und unter keinen Umständen plaudern.

Ich meine, sie bekamen ja meinen Absturz mit. Sie wusste von meinen Schulden und dass Stella in der Einrichtung war, machte das Ganze wohl noch komplizierter, um mich ernst zu nehmen.

Ich fühlte mich eher nutzlos und unfähig, irgendetwas auf die Reihe zu bekommen.

Also sagte ich mir selbst: Ich bleibe einfach abstinent. Keine Männer für die nächste Zeit. Kein Date, kein Treffen, nix!

Das Phänomen von Singles ist ja, dass sie sich unbewusst mehr um sich selbst kümmern. Sowohl von der Ernährung, dem Aussehen oder den Verhaltensweisen. Man ist trotzdem indirekt immer auf Beutefang und strahlt dieses auch aus, ob man nun will oder nicht.

Mein Leben wurde immer angenehmer. Ich bezahlte meine Schulden, kümmerte mich um Altlasten, brach Kontakte aus der „Vergangenheit" ab und machte mich hübsch.

Ich ging ins Sonnenstudio, um Pickel los zu werden, färbte mir die Haare und schminkte mich. Ich sah eigentlich echt gut aus. Nicht zu dick, nicht zu dünn.

Ich machte eben etwas aus mir. Einfach nur für mich. Denn ich wollte ein neues Kapitel in meinem Leben beginnen. Ein Besseres.

„Singles in Berlin-Brandenburg", las ich laut aus Facebook vor. Ich fragte mich, ob es einfach eine Gruppe von Singles wäre, die sich austauschen möchten über das Single-Dasein oder ob es eine Art Partnerbörse darstellt.

Ich überlegte kurz und klickte dann auf „Beitrittsanfrage stellen".

Ja, was soll schon passieren. Ich muss mich ja mit niemandem treffen oder so. Ich werde einfach immer ablehnen. Ich will ja nur mal gucken.

Gerade, als ich den Laptop schließen wollte, bekam ich die Benachrichtigung, dass ich in der Single-Gruppe angenommen wurde.

„Na gut, gucken kann man ja schon mal.“, dachte ich mir und durchforstete neugierig ein paar der Profile, die sich dort vorstellten.

Die meisten waren so zwischen 25 und 50 Jahren. Also alle etwas älter, als ich selbst. Aber was sollte mir schon passieren, also gab ich einfach selbst eine „Anzeige“ auf. Ich postete eins der besten Bilder von mir, dazu eine kleine Beschreibung und „SENDEN“.

Keine 10 Sekunden später hagelte es nur so von Kommentaren und privaten Nachrichten.

„Ach du scheiße“, dachte ich mir und löschte sofort wieder das Foto.

Trotzdem schrieben mir viele Singles. Einige waren viel zu alt, manche nicht mein Typ. So oder so wollte ich ja eigentlich gar kein Date ausmachen, also antwortete ich gar nicht erst oder eben nur sehr sporadisch.

Nur mit einem schrieb ich ab und zu ein bisschen mehr.

Pascal.

Er erzählte von sich. Er käme auch aus Strausberg und hätte auch schon einen Sohn aus einer früheren Beziehung.

Ich dachte mir „Perfekt, dann weiß er wenigstens auch, was das Vatersein bedeutet.“

Aber das alles änderte nichts daran, dass ich keine Dates haben wollte.

Also lehnte ich jedes Date-Angebot von ihm ab.

Ich schrieb sowas, wie: „Sorry, heute geht's nicht, muss mit meiner Tochter zum Arzt", oder: „Bin schon müde, der Tag heute war SOO anstrengend".

Aber es tat gut, dass sich jemand ernsthaft für mich interessierte. Also schrieb ich trotzdem weiter mit ihm.

Dann gab es kurze Zeit darauf ein Single-Treffen der Facebook-Gruppe. Die beiden Admins der Single-Gruppe besaßen eine eigene Kneipe im tiefsten West-Berlin und luden alle interessierten dorthin ein.

Klar ne Win-Win Situation. Sie wollten nur zahlende Singles in ihre Kneipe locken. Aber für mich war das mal ein Grund raus zu kommen.

Die meisten meiner ehemaligen Freunde wollten zu dieser Zeit nichts mehr mit mir zu tun haben.

Entweder, weil ich schwanger wurde oder auch weil mein Kind nicht gesund war und sie nicht wussten, wie sich damit umgehen sollten, oder sie waren schlichtweg einfach nicht meine Freunde.

So war ich in meinen schlimmsten Zeiten einfach so unglaublich einsam und allein, dass ich nach jedem Halm griff, der mir gereicht wurde.

Hauptsache mal Leute um mich herumhaben und ein bisschen über Gott und die Welt quatschen.

Das war, letzten Endes, meine Ambition, weshalb ich dann auch zu diesem Single-Treffen gegangen bin.

Dieser Pascal aus dem Internet fragte mich per Chat: „Gehst du da hin?“.

„Hm, naja ich weiß es noch nicht.“, schrieb ich ihm zurück, während ich mich schon für dieses Treffen schminkte.

Ich wollte offen für all die Menschen dort sein und nicht nur ein privates Treffen mit ihm vereinbaren, deshalb sagte ich ihm nicht, dass ich hin gehen wollte.

Ich machte mich hübsch. So richtig. Ich glättete mir die Haare und hatte genug Make-up für zwei auf meinem Gesicht, um meine Pickel zu überdecken.

Über eine Stunde brauchte ich, bis ich in dieser Kneipe ankam. Ich stand erstmal 10 Minuten vor der Eingangstür und rauchte noch 2 Zigaretten vor Nervosität.

Dann erst ging ich hinein und erkannte die zwei Facebook-Gruppen-Admins wieder und begrüßte sie. Dann widmeten sie sich wieder den anderen und ich stand da. Mitten in der Kneipe.

Einsam.

„Hey, bist du die Jenna?“, fragte mich plötzlich von hinten ein freundlich aussehender Mann mit Glatze. „Ja, die bin ich. Kennen wir uns?“. Nee, bisher noch nicht. Hatte dich aber mal in der Gruppe gesehen". „Ah, achso." „Was möchtest du trinken, ich lade dich ein?" „Nen Vodka-E bitte, das ist lieb von dir, danke."

Ich ging an einen runden Tisch am Eingang der Kneipe, um auf ihn zu warten und fragte den dort schon sitzenden, braunhaarigen, fremden Mann, ob da noch der Platz frei wäre und er nickte stumm. Ich bedankte mich und setzte mich an den Vierertisch.

Ich beobachtete wieder den Mann, der mir das Getränk ausgeben wollte, wie er an der Bar stand und auf die Kellnerin wartete. Er war definitiv nicht mein Typ, aber gegen ein nettes Plaudern hatte ich nichts einzuwenden.

Auf einmal fing dieser Mann mit den braunen Haaren neben mir an zu reden. Ich hatte mich so erschrocken, weil ich ihn überhaupt nicht bemerkte und schon wieder völlig vergessen hatte, dass er dort überhaupt saß.

„Hey, ich bin Pascal. Schön, dass du doch noch gekommen bist."

Etwas verwundert antwortete ich: „Ja, ist ja auch besser, als zu Hause rum zu sitzen. Von wo kommst du?" „Na, auch aus Strausberg. Wir hatten uns doch geschrieben. Wie geht's deiner Tochter?"

Plötzlich fiel es mir wie Schuppen von den Augen.

„Ach, klar! PASCAL! Oh mein Gott, natürlich! Gott, ist mir das peinlich! Na, dein Profilbild ist aber auch alt, kann das sein? Da siehst du ganz anders drauf aus."

„Ja das ist schon so 1-2 Jahre alt, das stimmt. Möchtest du was trinken?“

Mit einem RUMS stellte der freundliche Glatzen-Mann die Getränke an den Tisch.

„Hier Jenna, dein Vodka-E. Lass ihn dir schmecken!“ Er bemerkte Pascal und stellte sich vor.

„Hey, ich bin der Joscha. Alles klar bei dir?

Jenna, was ich dir erzählen wollte: Ich hab ne eigene Brauerei und studiere momentan an der Uni in Berlin.“, quatschte Joscha drauf los.

Joscha erzählte mir/uns ungefähr eine Stunde lang, wie man dazu kommt, sein eigenes Bier zu brauen und warum er studierte und eigentlich auch alles andere aus seinem Leben.

Pascal und ich schauten uns immer wieder heimlich an. Ich wollte nicht unhöflich sein und hörte Joscha weiterhin zu. Als er kurz auf die Toilette ging, ergriff ich die Gelegenheit und sprach kurz mit Pascal und fragte ihn, ob er vielleicht mit rauskommen mag, damit ich eine Zigarette rauchen konnte.

Er bejahte und folgte mir nach draußen an die frische Luft. Der Himmel war dunkelblau mit klaren kleinen funkelnden Sternen und aus den anderen Bars, Kneipen und Restaurants, hörte man die Musik und an dem Eingang kamen viele betrunkene Leute vorbeigetorkelt.

Das ist typisch Berlin. Es ist 0 Uhr und die Stadt, die niemals schläft, feiert das Leben.

Ich zündete mir die Zigarette an und fragte ihn: „und sonst so?!".

„Joah geht so. Finde Joscha redet ganz schön viel. Magst du ihn?"

Ich musste lächeln versuchte aber nicht zu zeigen, dass ich seine Eifersucht bemerkte.

„Er ist ganz nett, aber leider nicht mein Typ." Jetzt musste auch er lächeln. „Puh, ein Glück, dann hab ich ja vielleicht doch noch eine Chance.", sagte er und grinste jetzt über beide Ohren.

Mein Lächeln verschwand.

Mist.

Ich wollte doch abstinent bleiben.

„Naja.", dachte ich mir, „Ein bisschen flirten schadet ja keinen."

Wir unterhielten uns im Laufe des Abends weiterhin zu dritt. Ein wenig genoss ich sogar die Aufmerksamkeit, die ich von zwei netten Männern bekommen konnte.

Doch Augen hatte ich nur für Pascal und stupste ihn ein wenig an, als ich in die Runde sagte, dass ich ziemlich müde wäre und dann so langsam nach Hause müsse. Pascal sprang direkt drauf an und sagte, er sei auch müde und würde mich noch nach Hause bringen, schließlich würden wir in derselben Stadt wohnen, da biete sich das ja an.

Wir verabschiedeten uns von dem Haufen lustiger Singles und sahen sie alle danach alle nie wieder.

Denn wir verliebten uns im Laufe der nächsten Wochen ineinander.

Liebe kann man nicht planen. Sie passiert einfach.

„Wenn du sprichst, wiederholst du nur, was du bereits weißt. Aber wenn du zuhörst, lernst du vielleicht etwas Neues.“

Dalai Lama

Vater und Tochter

Der Erzeuger von Stella hatte sich 2014 endgültig aus dem Staub gemacht. Wir hatten von nun an keinen Kontakt mehr. Unterhaltsangelegenheiten wurden nur noch über das Jugendamt geklärt.

Ich erinnerte mich zurück an die Zeit, als Stella noch ab und zu bei P. war. Er holte sie sich am Freitagabend und brachte sie mir dann am Sonntag im laufe des Tages zurück.

Ich bekam irgendwann mit, dass er Stella meistens nur zu seinem Vater oder seiner Tante brachte, um dann selbst immer feiern gehen zu können, zu einem Fußballspiel gehen zu können oder einfach mehr Freizeit mit seinen Freundinnen haben zu können.

Ich war mega sauer und genervt, als ich das herausfand. Ich fragte mich, was das dann überhaupt nutzen würde, wenn sie ihren Vater eh nicht sehen würde am Wochenende.

Dann hätte sie auch bei mir bleiben können. Da wusste ich wenigstens, dass es ihr gut ging und bei mir bekam sie die volle Aufmerksamkeit.

Ich stellte ihn also darauf hin zur Rede, bekam aber nur schnippige antworten. Manchmal brachte er beim Abholen oder zurückbringen seine neuen Freundinnen sogar mit.

Es waren meist sehr schlaue Mädchen. Etwa in meinem Alter oder jünger. Sie kamen mir nicht dumm vor und ich fragte mich, was sie von all dem hielten oder ob P. ihnen ganz andere Storys auftischt.

Doch es war mir manchmal egal, ob sie dabei waren, wenn ich ihn auf bestimmte Missstände hinwies.

Irgendwann war er so genervt von mir, dass er mir sagte, dass er auf solch einen Stress keinen Bock hätte und er dann Stella lieber nicht mehr nehmen wollen würde.

Ich verstand ihn einfach nicht. Ich wusste nicht, ob er einfach kein Herz hatte oder ob er einfach nur das widerholt, was er selbst als Kind erleben musste. Ich war ratlos und fragte mich manchmal, ob ich daran schuld war, dass Stella keinen Kontakt mehr zu ihrem leiblichen Vater hatte.

Doch im Nachhinein war das das Beste, was uns passieren konnte. Wir hatten unsere Ruhe.

Ich habe P. nie den Kontakt verwehrt und würde es auch heute nie tun. Bis heute würde ich ihm jederzeit von Stella erzählen und ihm Fotos schicken, wenn er denn welche wollen würde und auch gegen einen Besuch hätte ich nichts einzuwenden.

Doch er hat nie nach Stella gefragt. Das Interesse war einfach nicht da.

Außer bisher 2-mal in den letzte 6 Jahren.

Einmal, als Stella im Krankenhaus war, kam er vorbei. Allerdings war es sehr merkwürdig.

Er sah sie.

Hat kurz ein Foto mit ihr gemacht, schenkte ihr einen Teddy aus dem Krankenhaus-Shop und kaufte ihr ein neues Luxus-Dreirad im Wert von ca. 200€. Und das wars dann.

4Jahre lang hörte ich dann wieder nichts von ihm.

Bis er von meinem Blog erfuhr. Da hat er auch ein wenig nachgefragt, wie es ihr denn gehen würde.

Da wurde mir erst richtig bewusst, wie wenig er überhaupt von ihr weiß.

Er wusste nichts. Weder, ob sie sprechen konnte, ob sie laufen konnte oder ähnliches. Ihm ihre Geschichte zu erzählen, fühlte sich so an, als würde ich mit einem völligen Fremden darüber reden.

Nach ein paar Bildern, die ich ihm geschickt hatte und 1-2 Sätzen hinterher war es das dann auch schon wieder.

Doch ich fühle dabei keine Wut mehr. Ich kann es ihm nicht mal verübeln.

Wir waren schließlich beide damals mit der Situation überfordert. Er war 19 Jahre alt, als Stella auf die Welt kam. Und dass Stella nicht gesund war, wussten wir auch alle.

Er wird vermutlich einfach nur überfordert sein mit der ganzen Situation. Doch das ist OK für mich. Das letzte mal sah ich ihn vor ein paar Monaten. Er brauchte ein paar Unterschriften für seinen Arbeitgeber. Er fragte kaum nach ihr. Auf meine Nachfrage, ob er denn gerne Bilder von ihr sehen möchte, sagte er: „Ja, kannst du mir schicken, wenn du willst.“

Sonderlich interessiert, klang es nicht.

Doch, wie gesagt. Es stört mich nicht mehr. Es ist unwichtig geworden.

Nach dem letzten Treffen, im Sommer 2019, stelle ich mich nun wieder darauf ein, ihn für eine sehr lange Zeit nicht mehr zu sehen.

Ich bin zufrieden mit unserem Leben momentan und froh, dass Stella ihren Papa Pascal hat.

Er macht sich nichts daraus, dass Stella anders ist. Er nimmt sie so, wie sie ist und hatte von Anfang an keine Berührungsängste.

Das machte sich schon von Tag 1 an in unserer Beziehung bemerkbar.

Pascal kannte Stella ungefähr eine Woche lang, als er sich zutraute ihr mal eine Leberwurst-Stulle zu schmieren und ihr diese dann zu füttern.

Stella war motorisch nicht so weit entwickelt, um sich die Häppchen selbst in den Mund zu stecken, deshalb übernahm das an diesem Tag Pascal.

Ich saß Stella gegenüber und er neben ihr, als er sie fütterte. Ich schaute beiden zu und genoss es, dass mal jemand anderes meine Aufgaben übernahm.

Stella lachte bei jedem Happs und wackelte mit ihren Armen und Beinen vor Aufregung umher. Beim letzten Happs blieb etwas Leberwurst an Stellas Mundwinkel hängen. Ich wollte gerade einen Waschlappen holen, um es sauber zu wischen, da hatte er schon, wie selbstverständlich, die Leberwurst mit seinem Finger abgemacht und sich dann selbst in den Mund gesteckt.

Das war einer dieser Momente, in denen ich mich noch mehr in ihn verliebt habe.

Denn jeder andere Mann hätte so etwas nicht gemacht, sich vielleicht sogar geekelt.

Nicht aber Pascal. Er war einfach anders.

Auch wenige Wochen später wickelte er Stella und machte ihre Windel neu, mit Inhalten, die nicht mal ich angenehm fand.

Er war da für sie. Ganz selbstverständig. Von Anfang an.

Deshalb ist er auch in meinen Augen ihr Papa. Ohne Wenn und Aber.

Er hat Stellas Entwicklung genauso miterlebt, wie ich. Alle Höhen und alle Tiefen der letzten Jahre mitbekommen und mich unterstützt, wo er nur konnte. Wenn ich nicht mehr konnte, dann hat er mit im Krankenhaus übernachtet und dafür auf seiner Arbeit einen Urlaubstag genommen.

Selbstlos und liebevoll. So ist er, mein Pascal.

Ich bin einfach so unglaublich froh, ihn an meiner Seite zu haben.

Ja, manchmal glaube ich sogar, ich habe ihn gar nicht verdient, für mich ist einfach alles perfekt so.

Klar ist auch bei uns nicht immer alles Friede, Freude, Eierkuchen. Aber das ist doch auch völlig normal.

Wenn es doch keine schlechten Zeiten geben würde, wüssten wir doch gar nicht, welche die Guten wären, oder??

„Hör auf, ein Gefangener deiner Vergangenheit zu sein. Werde der Architekt deiner Zukunft"

Robin Sharma

Innere Zerrissenheit

Ich zog an meiner Zigarette. Kniff die Augen dabei ein wenig zusammen, um die Sterne am Abend auch ohne Brille sehen zu können. Langsam pustete ich den kalten Rauch aus meiner Lunge, während ich mich umdrehte, um von dem Balkon aus in mein Wohnzimmer blicken zu können. Ich beobachte noch mindestens eine Zigarettenlänge lang, wie Pascal im Wohnzimmer saß, während er mit seinem Sohn telefonierte.

Er ist ein Jahr älter als Stella und war damals 4 Jahre alt (So alt, wie Mila jetzt ist). Sie telefonierten damals jeden Abend, um sich eine Gute Nacht zu wünschen. Ich fand das unglaublich niedlich und freute mich auch schon darauf ihn mal kennenzulernen. Louis* sah seinem Vater wie aus dem Gesicht geschnitten aus. Blondes, leicht gelocktes Haar und die Mundpartien hatten die gleichen Merkmale, welche sie bei Pascal hatten.

Auf Fotos konnte ich mir schon ein kleines Bild von ihm machen, damit ich dann beim Kennenlernen nicht mehr ganz so nervös sein würde.

Ich drückte die Zigarette in dem St.Pauli Aschenbecher aus und trat durch die Balkontür in das warme Wohnzimmer.

„Wann trefft ihr euch morgen?“, fragte ich Pascal. „Zwischen 10:00-10:15 Uhr am Alexanderplatz.“ „Okay, wenn du Louis entgegennimmst, wird Stella hergebracht mit dem Fahrdienst und wir treffen uns dann hier in meiner

Wohnung und dann könnten wir ja gemeinsam mit ihm auf den Spielplatz gehen."

„Gute Idee, bin gespannt, wie er auf dich und Stella reagiert."- „Ich auch."

Er war immer schon ein guter Vater, auch wenn seine Ex-Freundin das nie so sah. Sie verbot irgendwann den Kontakt und ließ uns vor verschlossenen Türen stehen.

Das Jugendamt stand immer auf der Seite der Mutter, da diese Familie über Generationen schon dort bekannt war. Das war der Mutter natürlich recht. Wir vermissen Louis sehr und hoffen, dass er irgendwann alt genug ist, um sich mit all dem auseinander setzen zu können.

Vielleicht möchte er später von allein den Kontakt wiederherstellen. Doch wir werden nicht an dem Kind zerren und ihm diese Streitigkeiten ersparen.

Es rührte mich damals sehr, wie er mit seinem Sohn und Stella umging und nach und nach schlich sich beim mir so ein seltsames Gefühl der Sehnsucht ein. Erst wusste ich nicht genau, was es zu bedeuten hatte, doch nach und nach wurde mir klarer, was mir da mein Unterbewusstsein mitteilen wollte.

Ich wollte noch ein Kind auf die Welt bringen.

All diese Babys im TV, auf den Straßen und in der Bekanntschaft machten es nicht besser. Ich hatte all die Jahre nur Stella. Am Anfang verglich ich sie mit anderen

Kindern, doch irgendwann tat ich das nicht mehr und schwamm im großen Meer der Eltern und Kinder, allerdings in einer riesigen Blubberblase vor mir her.

Ich war mit Stella in einer eigenen kleinen Welt. Stella war anders und ich konnte mich mit anderen Eltern nicht darüber unterhalten, was sie denn schon alles sagen konnte, wieviel sie doch schon plappere oder welche Zahlen sie schon kannte. Auch das Alphabet war uns völlig egal. Bei uns ging es um Krankenhaus Aufenthalte und kleine Fortschritte im Alltag.

All diese Entwicklungsschritte waren für uns Meilensteine und wahnsinnig beachtenswert. Für andere hingegen waren das nur Kleinigkeiten. Banale Fortschritte einer kindlichen Entwicklung. Normalität.

Wir waren irgendwie Außerirdische.

Und selbst mit anderen Eltern von behinderten und besonderen Kindern konnten wir uns nur mäßig austauschen. Viele von ihnen hatten andere Probleme. Manche waren intensiver und „schlimmer dran“, als wir. Manche hatten es etwas leichter und somit auch entspannter.

Wir waren eigentlich allein mit uns und unseren Problemen.

„WOW! Stella kann nun schon krabbeln und fest sitzen! Mit 3! Endlich ein Fortschritt!“

Das sind so Sätze mit denen Mütter mit gesunden Kindern meist nichts anfangen können. Und ich wollte mir auch nicht anhören, was ihre Kinder alles konnten. Ich hätte im Wettbewerb des „Besten-Eltern-Contest“ nicht mitmachen können. Ich konnte und ich wollte es damals auch nicht.

Es tat mir zu sehr weh, also mied ich diese perfekten Kinder mit ihren perfekten Eltern. Also eigentlich alle.

Doch irgendwo vermisste ich es auch. Ich wollte, dass Stella gesund ist, damit sie auch mal zu mir „Ich hab dich lieb!“ sagen könnte.

Es tat irgendwie weh, dass es bisher nicht funktioniert hat, doch wenn ich ehrlich bin, wusste ich in letzten 8 Jahren schon immer: „Das werde ich aus ihrem Mund nie hören.“.

Oft lag ich in der Nacht weinend in meinem Bett und ärgerte mich darüber. Ich war wütend und traurig. Und dann wieder dankbar für alles andere, was Stella schon konnte. Dankbar für das Leben. Dankbar für Stella.

Ich freute mich immer über die einfachen Dinge, die für andere meist zu banal waren.

Stella konnte ihre Trinkflasche ganz allein heben mit 3. Endlich mussten wir sie nicht mehr füttern mit der Flasche.

Das war für mich 2 Jahre zuvor unvorstellbar. Ich war innerlich zerrissen, weil ich wusste, dass es nicht selbstverständlich war, wie weit sich Stella entwickelte und dass ich dankbar sein sollte für alles.

Doch in mir stieg eine Sehnsucht hervor. Für die ich mich noch bis heute schäme.

Ich wollte eine normale Mutter eines normalen Kindes sein. Ich wollte doch eigentlich auch beim Wettbewerb der besten Eltern mitmischen.

Ich wollte, dass mich mein Kind in den Arm nimmt und mich tröstet, wenn ich weine, dass mich, wenn ich noch älter werde, pflegen kann, mich später im Rollstuhl schiebt und mir Enkelkinder schenkt, damit ich meine Liebe als Mutter, Oma und vielleicht sogar irgendwann als Uroma weitergeben könnte.

War es egoistisch? Ja! – Liebe ich deshalb Stella weniger? – GANZ KLARES NEIN!

Aber ich war noch jung und ich wollte mich als Mutter nicht aufgeben, nur weil Stella eben etwas mehr Aufmerksamkeit braucht.

Also stand für mich nach vielen schlaflosen und sehr tränenreichen Nächten fest: Ich möchte ein zweites Mal Mama werden.

Als ich Pascal davon erzählte, dass ich von ihm ein zweites Kind haben wollte, war er, selbst nach so einer kurzen Beziehung mit mir, davon überzeugt, dass das mit mir klappen würde.

Er liebte mich so, wie ich ihn. Er wollte noch einmal Papa werden. Ganz allein durch die Kräfte der eigenen Körper. Das war eins der schönsten Gefühle, die man sich vorstellen konnte, wenn der Partner solch einen großen Schritt mit einem wagen möchte.

„Auf Veränderung zu hoffen, ohne selbst etwas dafür zu tun, ist wie an einem Bahnhof zu stehen und auf ein Schiff zu warten“

Unbekannt

Von Drei auf Vier

Sofort setzte ich die Pille ab.

Ich trank keinen Alkohol mehr, hörte auf zu Rauchen und machte nichts, was einem bald einziehenden Bauchbewohner auch nur irgendwie schaden könnte.

Ich hatte Angst, dass ich vielleicht doch an Stellas Gendefekt schuld sein könnte und deshalb war bei mir allerhöchste Vorsicht geboten.

Ich ging regelmäßig zum Frauenarzt, um zu kontrollieren, ob auch wirklich ALLES in Ordnung wäre, verzichtete auf Fisch und auch auf Schinken und Co.

Wir „übten" täglich und versuchten uns so ein Kind zu basteln. Natürlich erzählten wir niemanden davon, denn wir wollten uns selbst nicht unter Druck setzen.

Bei Stella war es schon ein so genannter „Glückstreffer" und auch bei unserem gemeinsamen Kind brauchten wir nicht lang, bis sich die ersten Zeichen auftaten.

Wir waren bei meinen Schwiegereltern eingeladen, als es mir zum ersten Mal richtig schlecht ging.

Es gab zum Abendbrot leckere selbstgemachte Nudel Bolognese. Lecker. Schön mit Reibekäse drapiert verschmähte ich nach 1-2 Happen das vorzüglich zubereitete Essen.

Am Abend zu Hause wurde es noch schlimmer mit der Übelkeit und ich musste mich das erste Mal übergeben.

Im Internet hatte ich im Voraus Schwangerschafts-Teststreifen im 10er Pack bestellt, da ich regelmäßig testen wollte, ob es schon geklappt hatte.

Dass ich nur einen brauchen würde, wusste ich vorher ja nicht.

Ich holte den ersten teststreifen heraus und pinkelte in einen Becher.

Mit rasendem herzen und einem mulmigen Gefühl steckte ich ihn hinein. Ich konnte gar nicht hinschauen. Es gäbe kein vielleicht. Entweder-oder. Nix dazwischen.

„Entweder ich würde gleich **einen** oder **zwei** Streifen sehen."

Doch der HCG Wert meines Urins war so hoch, dass es keine Minute dauerte, bis ich auf dem dünnen Teststreifen zwei Striche erkennen konnte.

Ich hielt kurz inne und überlegte im Schnelldurchlauf, was das nun bedeuten würde.

Ich sah vor meinem geistigen Auge kleine Babys, heranwachsende Kleinkinder und sogar schon ein Kind im Alter von 6 Jahren, dass gerade Hausaufgaben erledigen würde.

Mit dem Streifen in der Hand rannte ich aus dem Bad und präsentierte es Pascal.

Wir fanden uns weinend Arm in Arm wieder, weil wir uns so sehr freuten.

An diesem Abend blieb auch der Fernseher aus und wir kuschelten einfach nur, bis wir dann Letzen Endes einfach nur zusammengekuschelt einschliefen.

~

In den ersten 3 Monaten der Schwangerschaft durchlitt ich zum zweiten mal die Hölle auf Erden und ich fluchte mehr, als nur einmal über diese doofe Übelkeit.

Frühstücken musste ich standardmäßig immer zweimal. Erst einmal nur schnell irgend so etwas, wie Cornflakes. Und nach dem Erbrechen genüsslich ein halbes Brötchen mit Schokocreme.

In der Schwangerschaft nahm ich insgesamt 30 Kilo zu. Ich hatte Appetit.

Allerdings ausschließlich nur süße Lebensmittel. Wenn dann doch ein leichter Geruch eines gebratenen Schnitzels meine Nase erreichte, musste ich dem Bad mal wieder einen Besuch abstatten. Bis heute habe ich von meinen angefutterten Kilos nichts abgeschmissen.

„Jeder fragt uns danach, ob unser Leben nicht unendlich schwer ist, ob noch Hoffnung auf Heilung besteht oder ob wir denn nichts vermissen würden.

Aber niemand fragt danach, ob wir glücklich sind.“

Ein Papa einer *behinderten* Tochter

STELLA IN FOTOS 2011 – 2019

2011

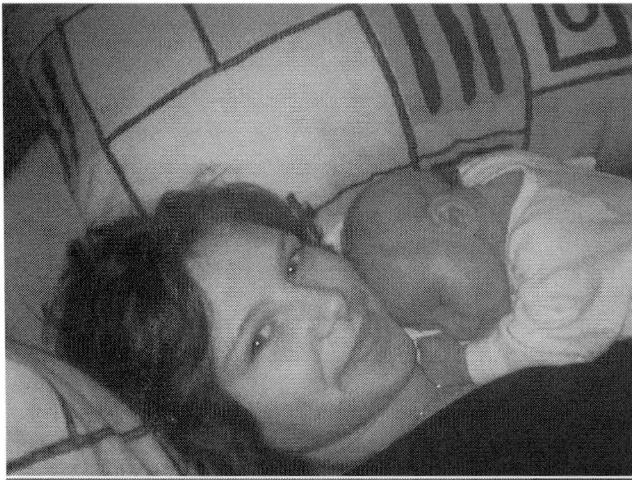

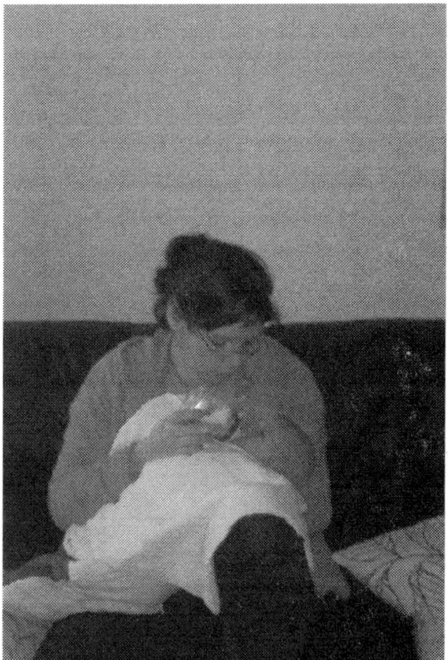

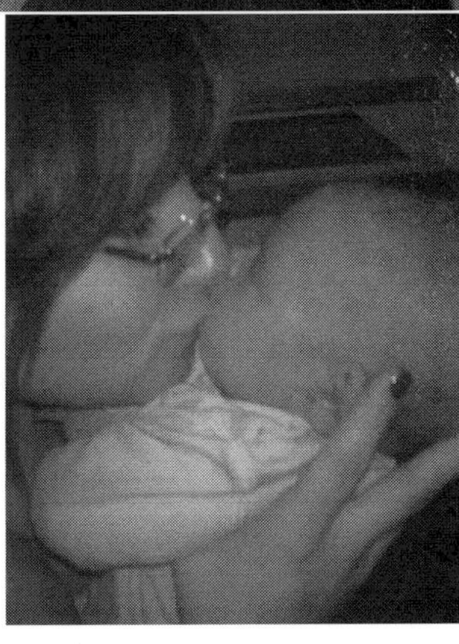

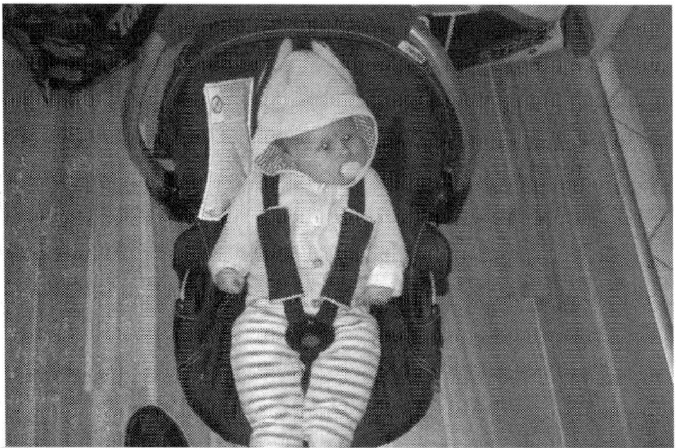

2012

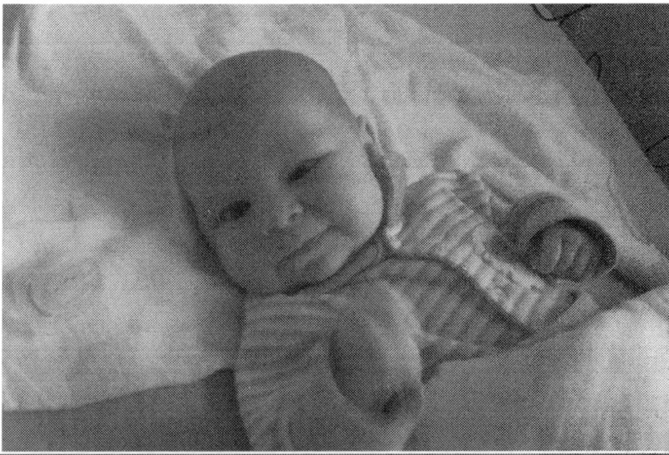

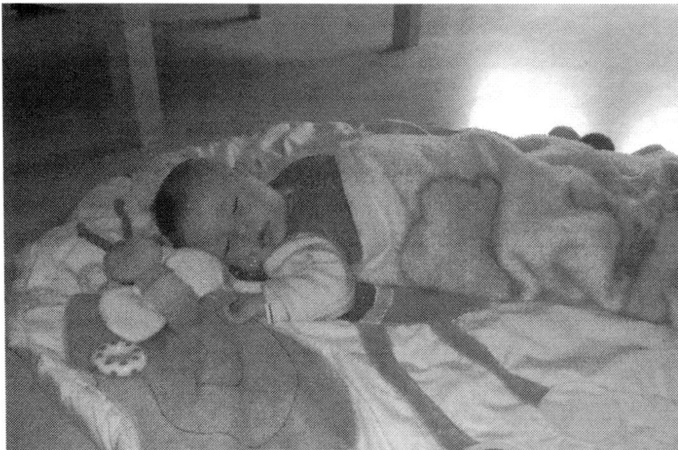

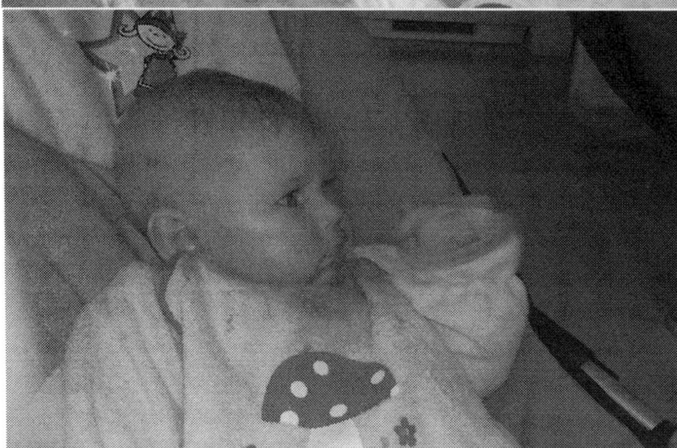

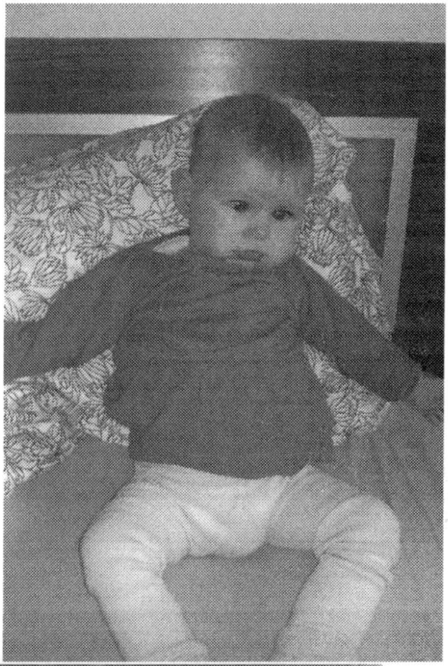

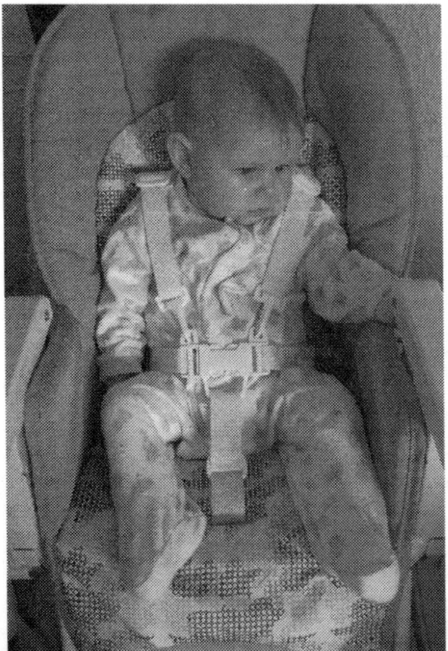

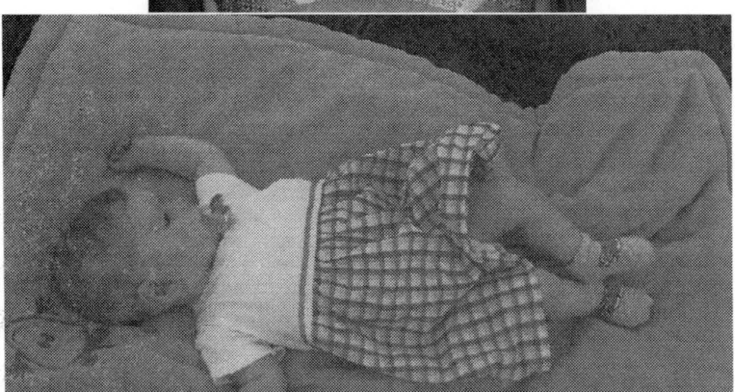

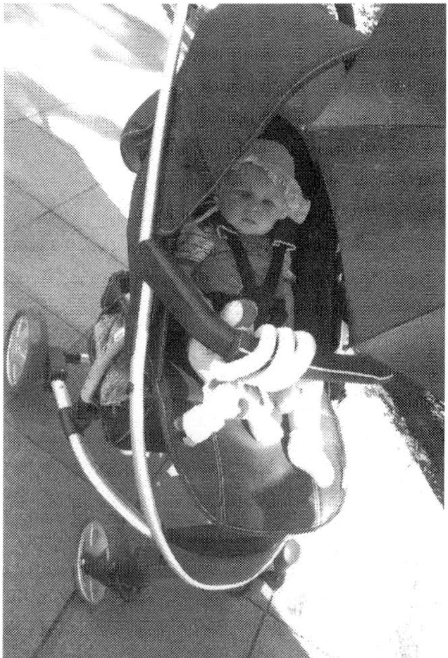

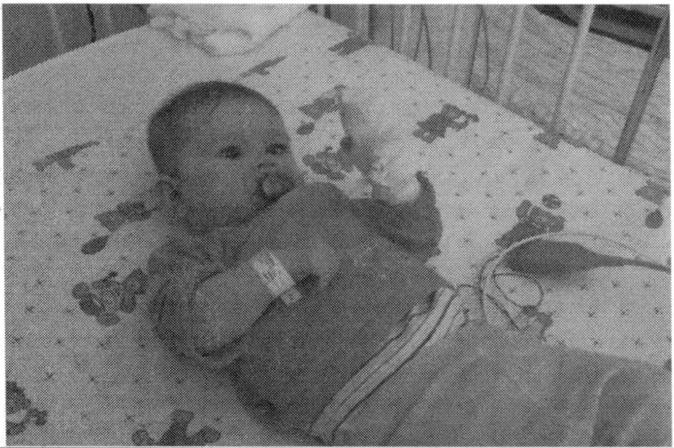

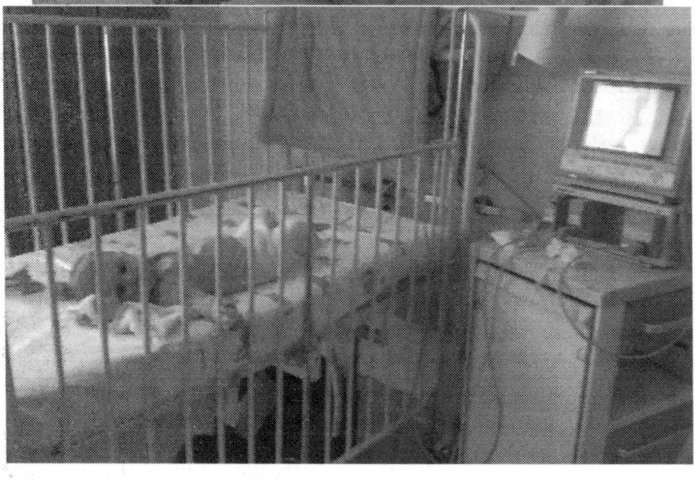

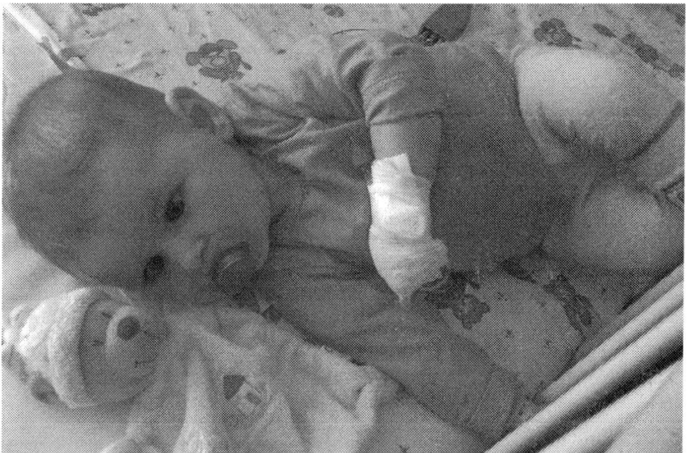

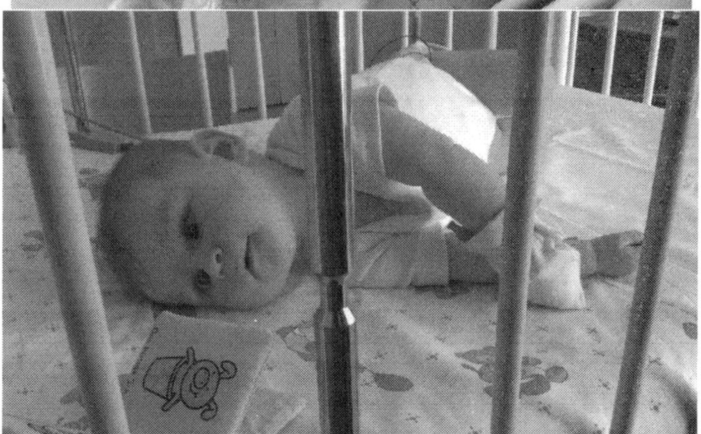

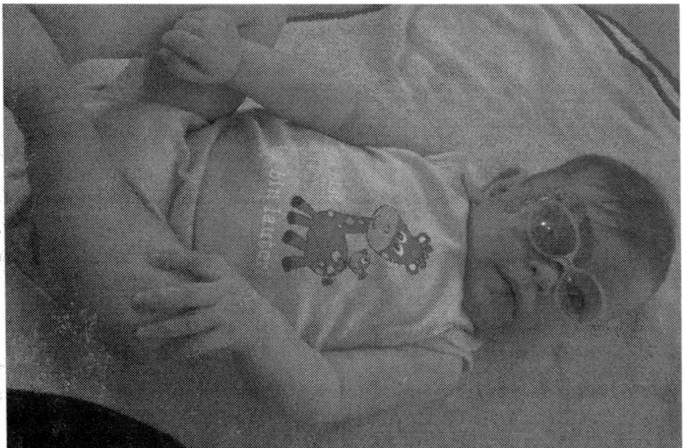

Brekkies
4.49
THOMAS
THOMAS

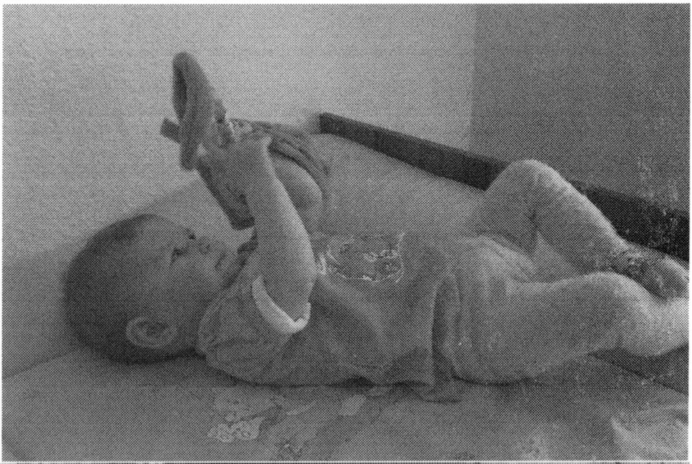

2013

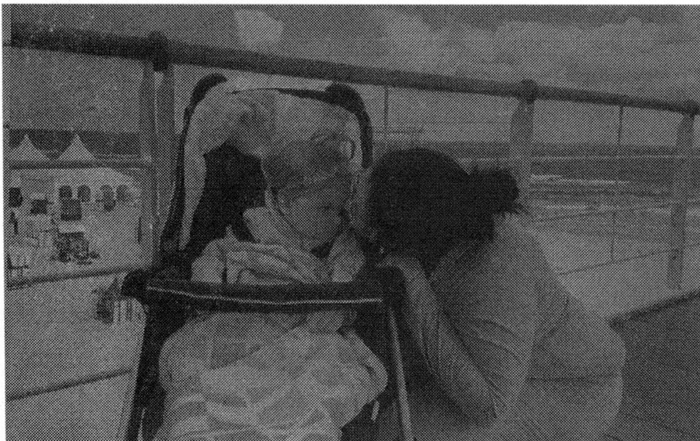

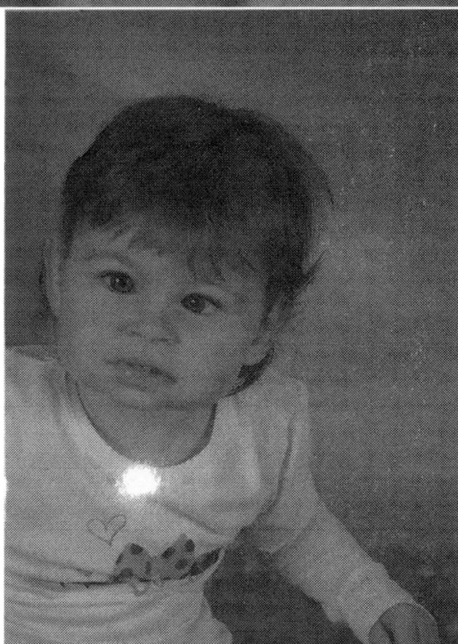

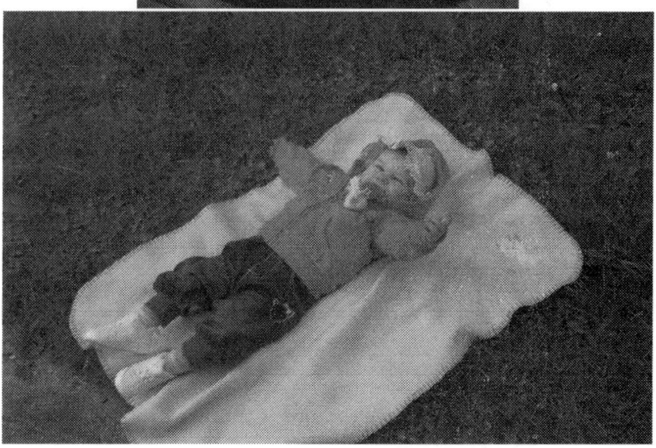

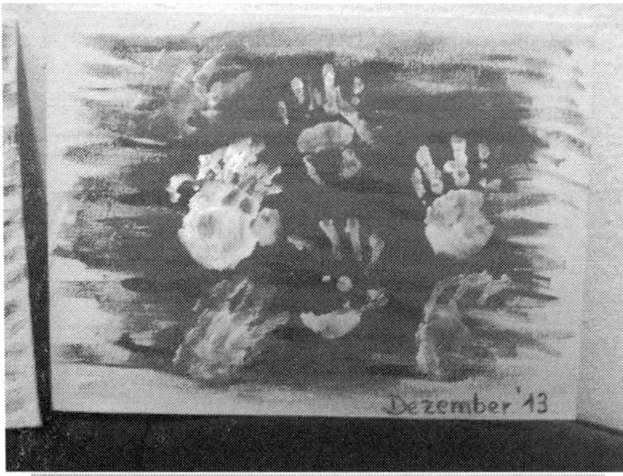
Dezember '13

<u>2014</u>

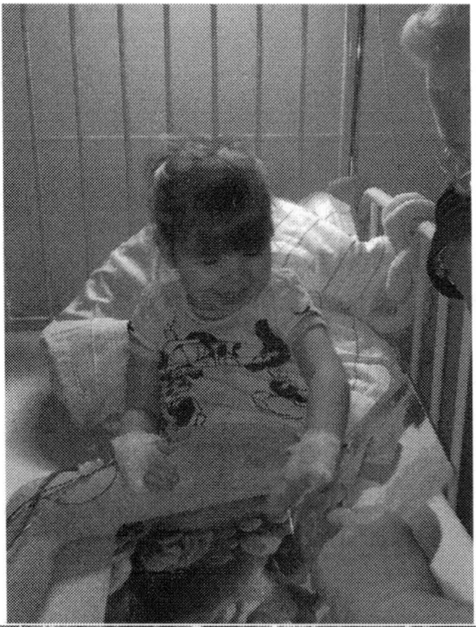

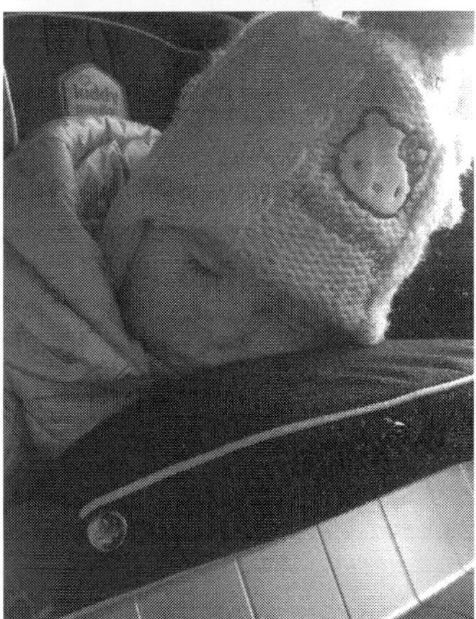

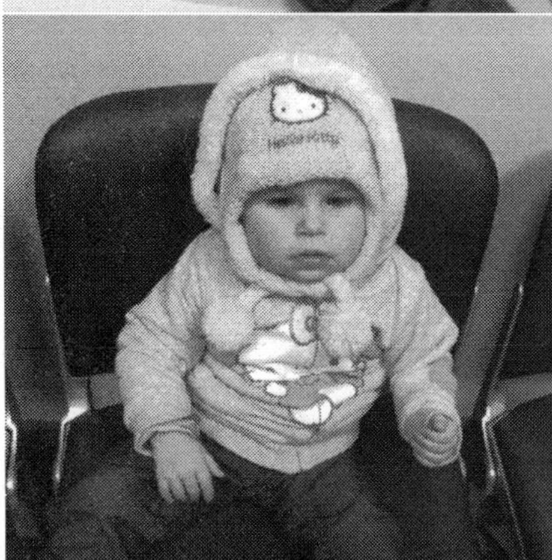

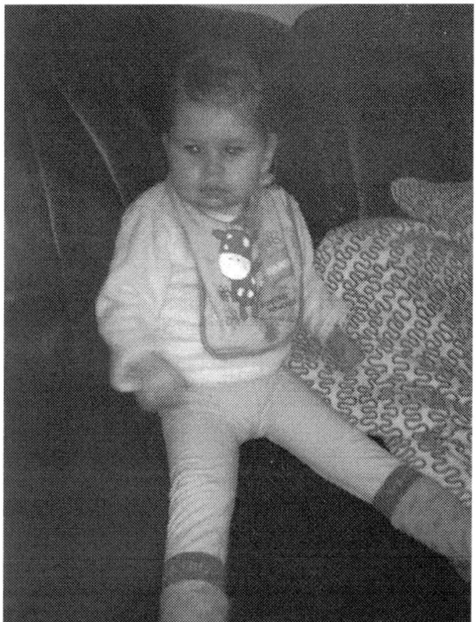

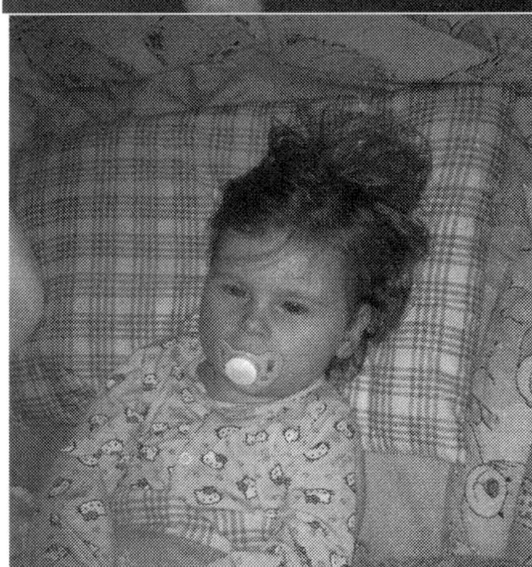

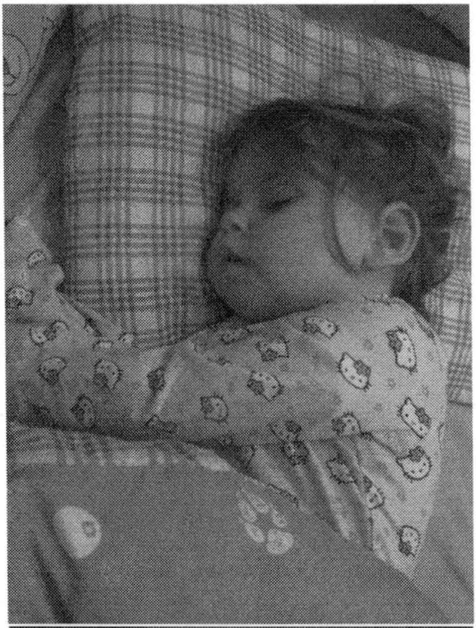

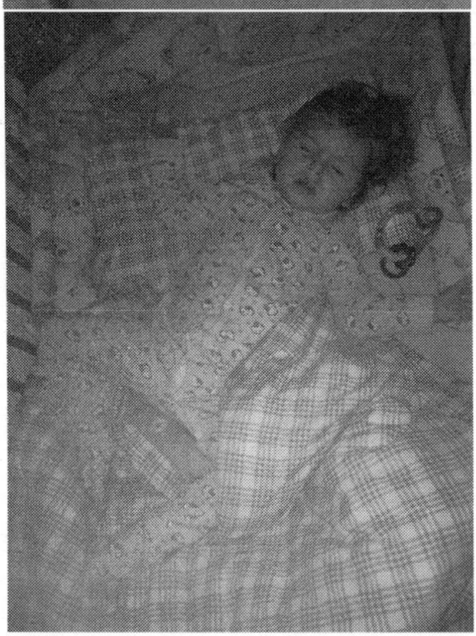

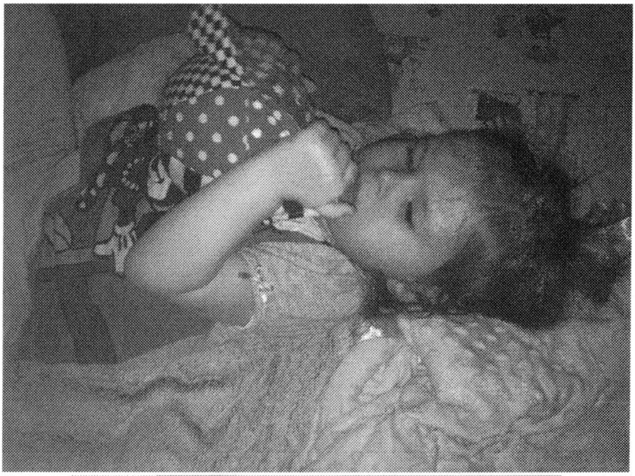

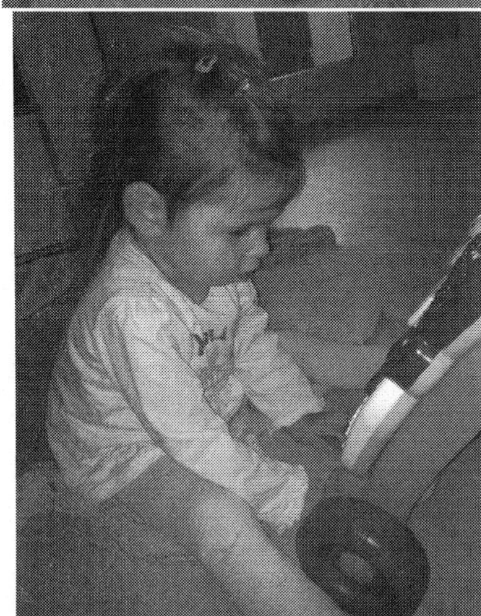

2015

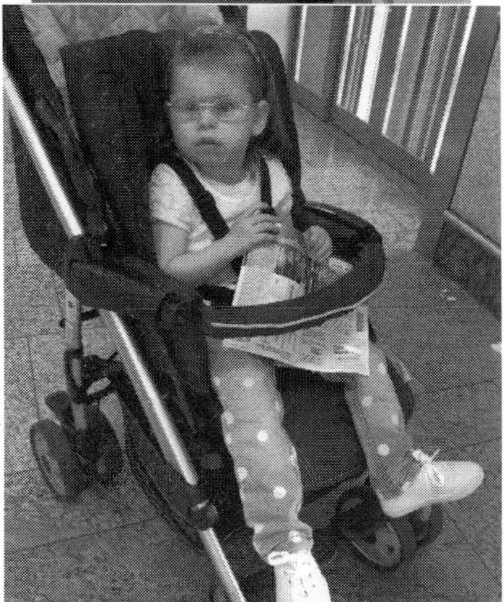

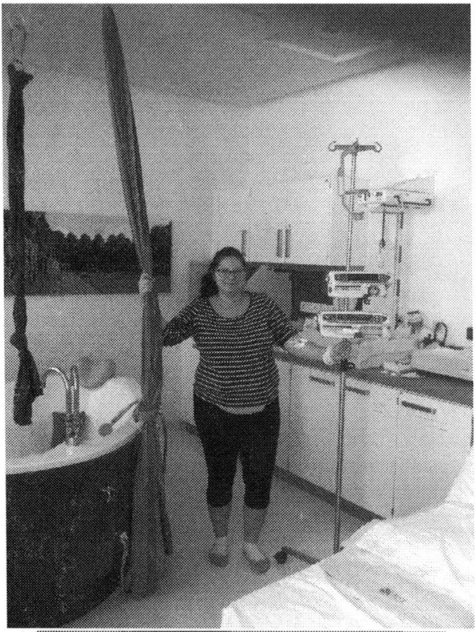

EAST

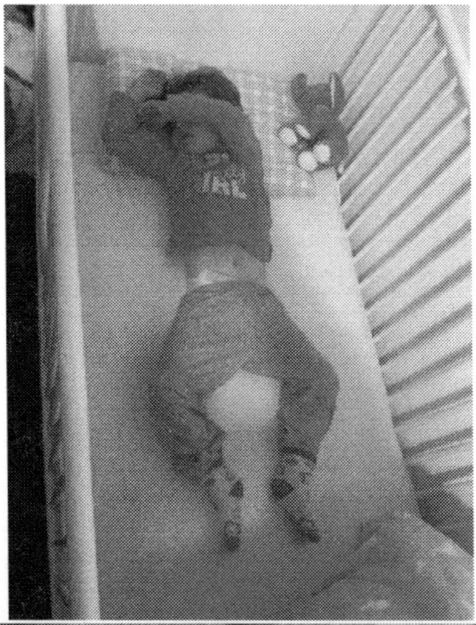

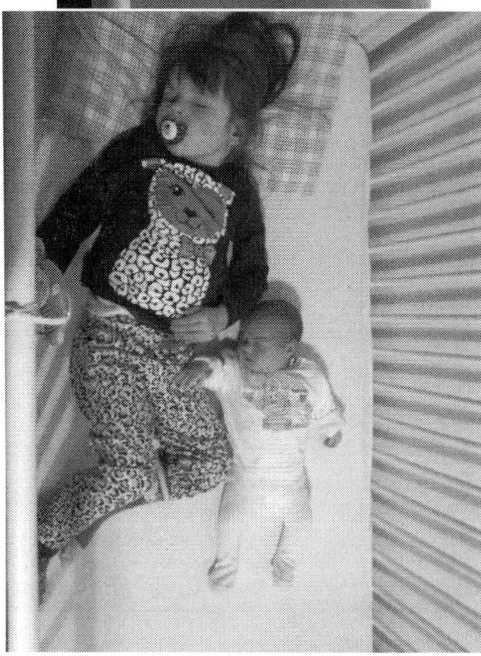

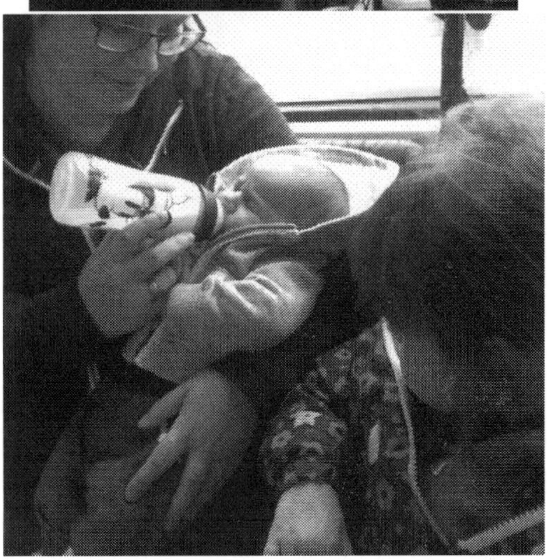

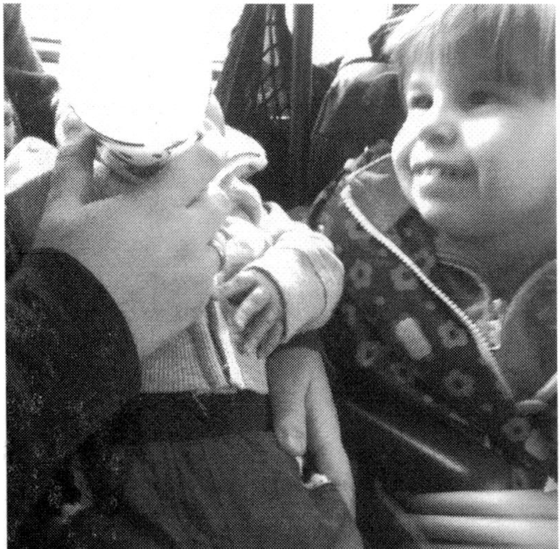

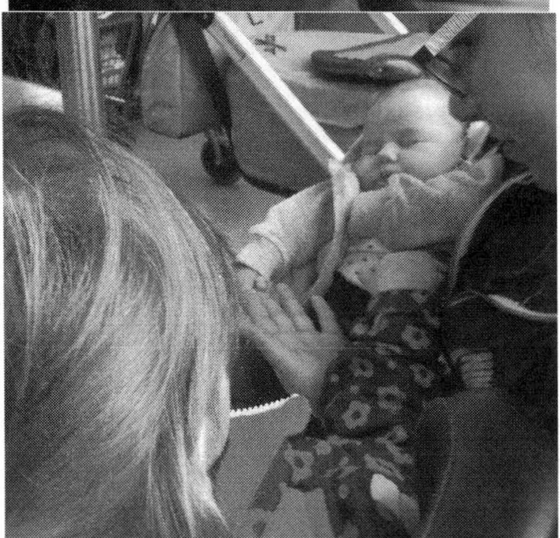

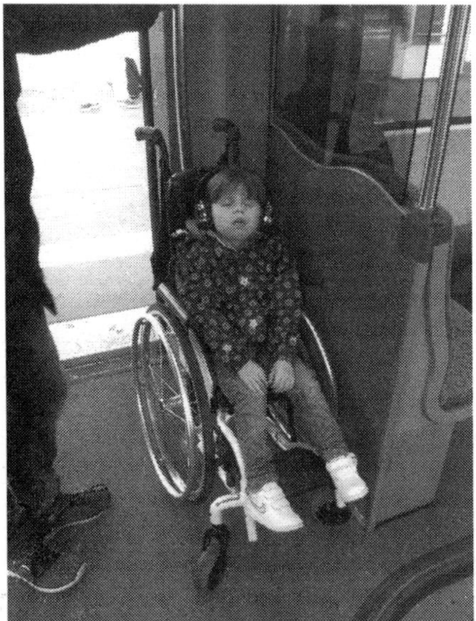

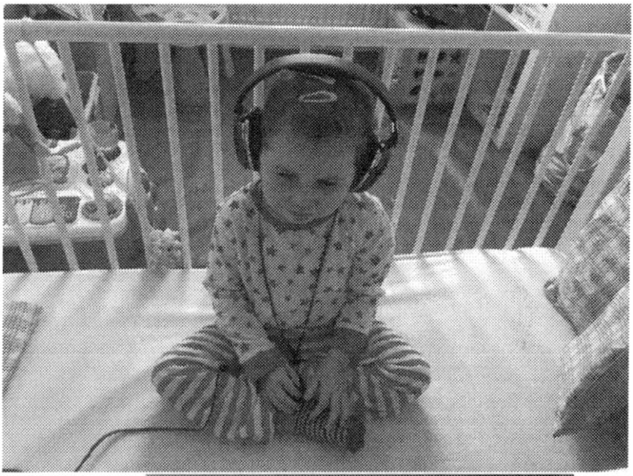

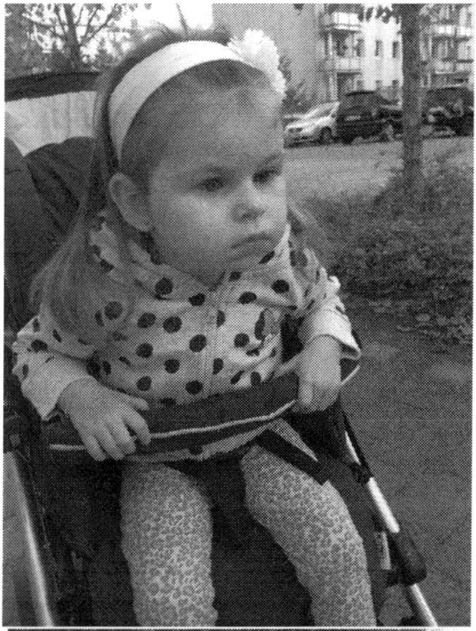

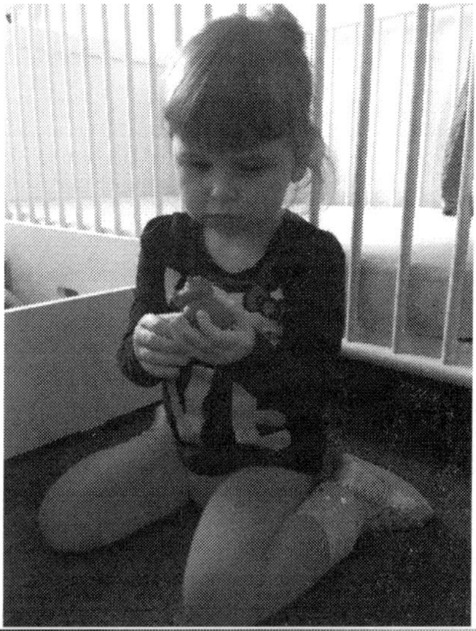

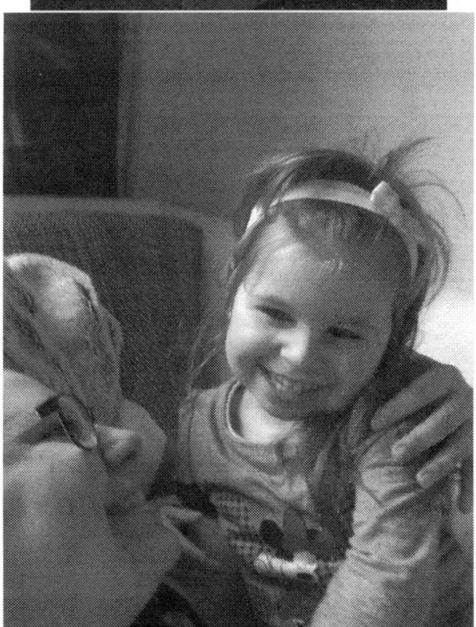

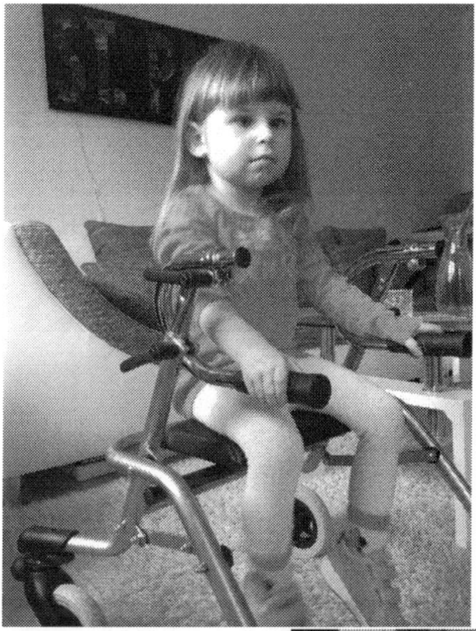

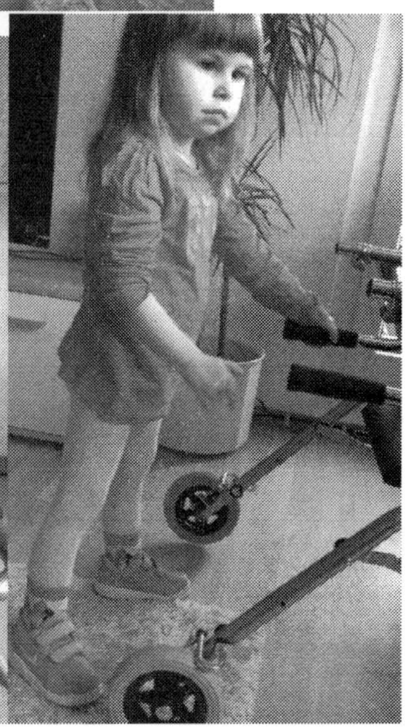

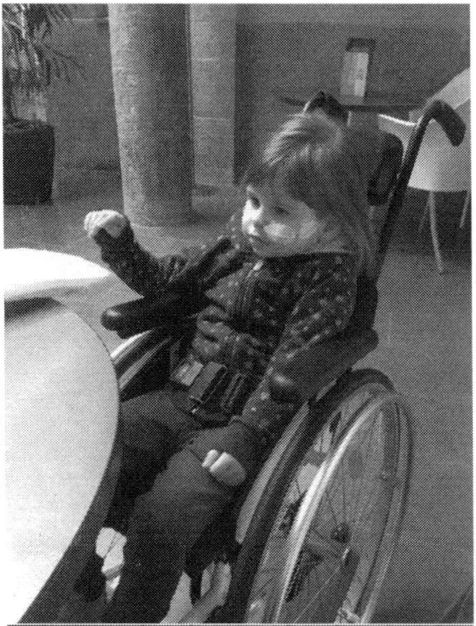

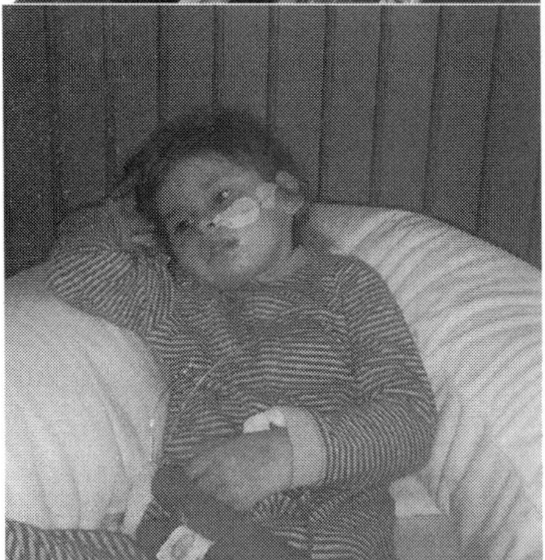

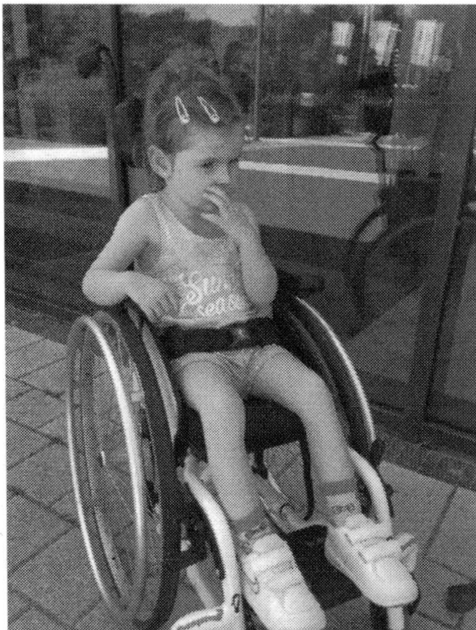

2016

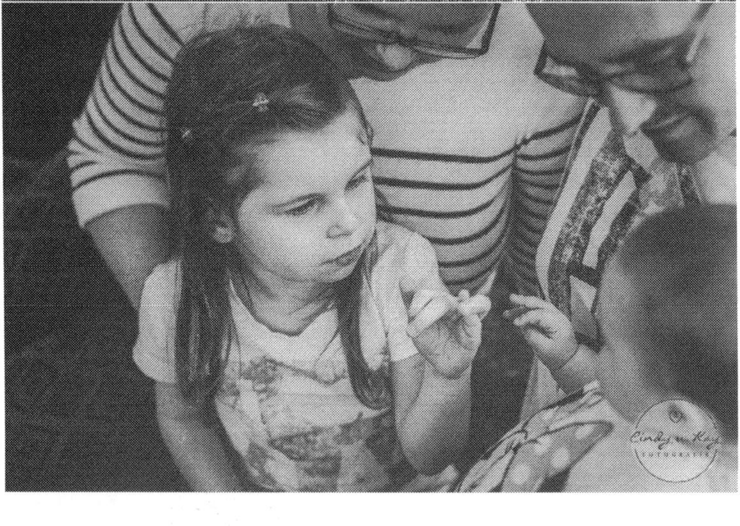

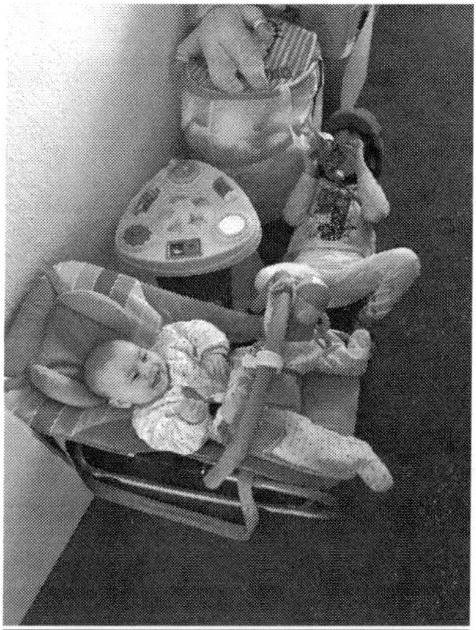

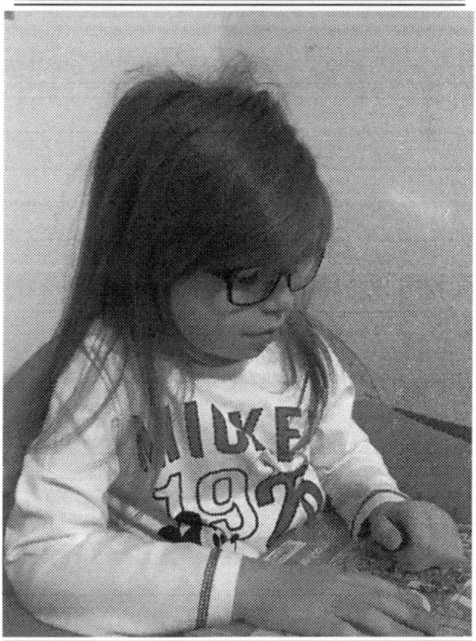

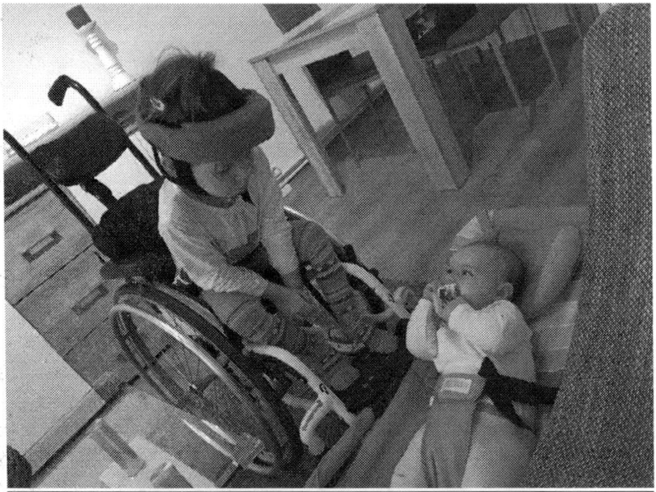

MICKE

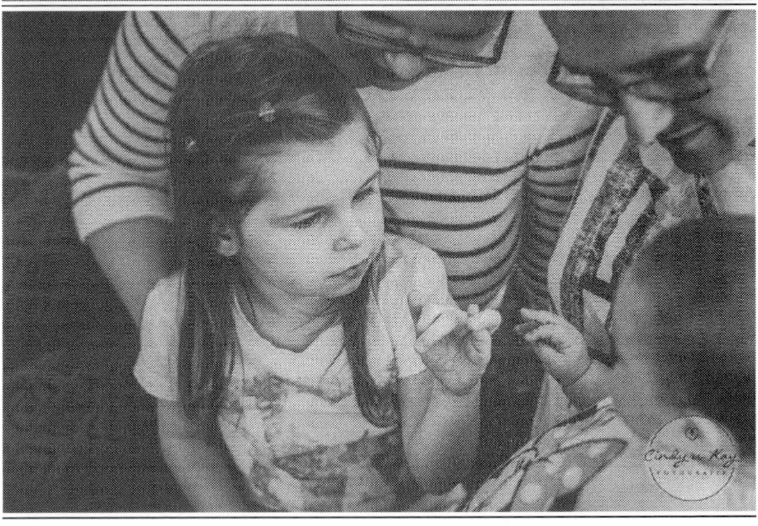

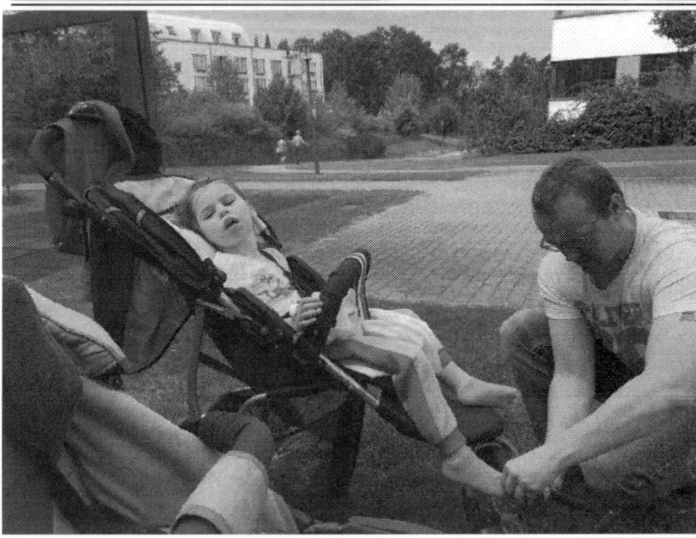

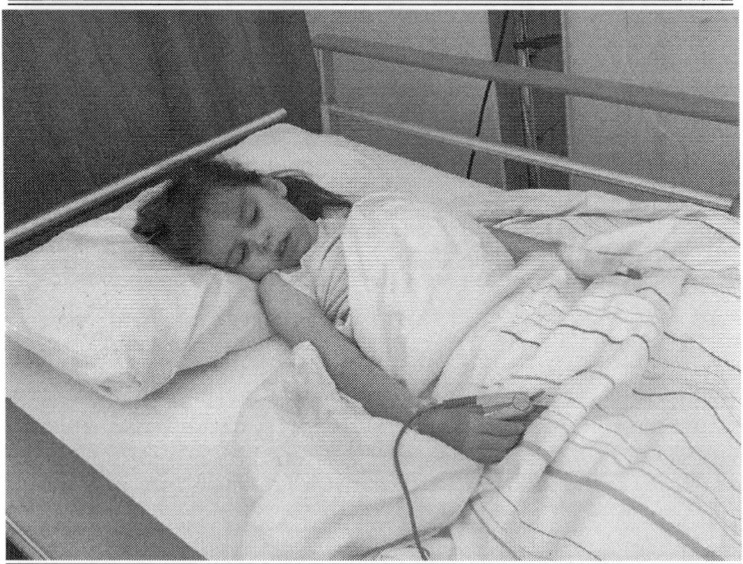

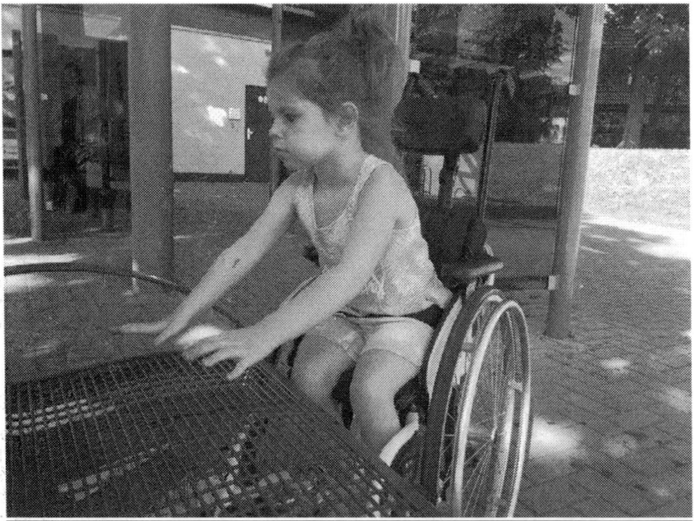

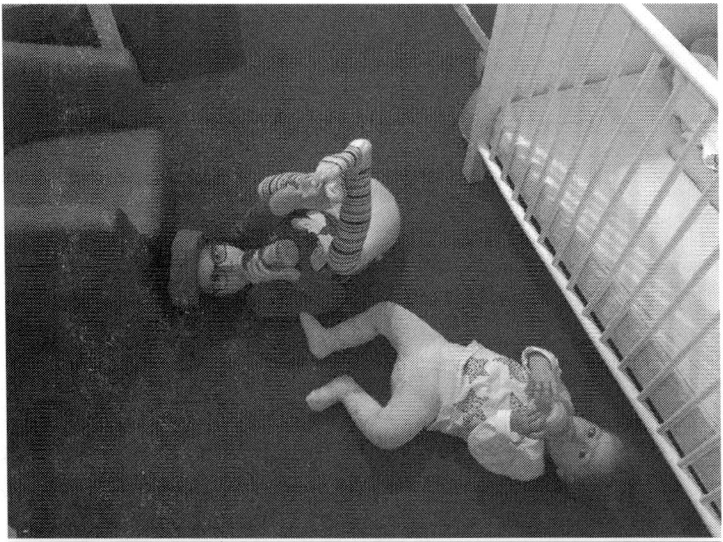

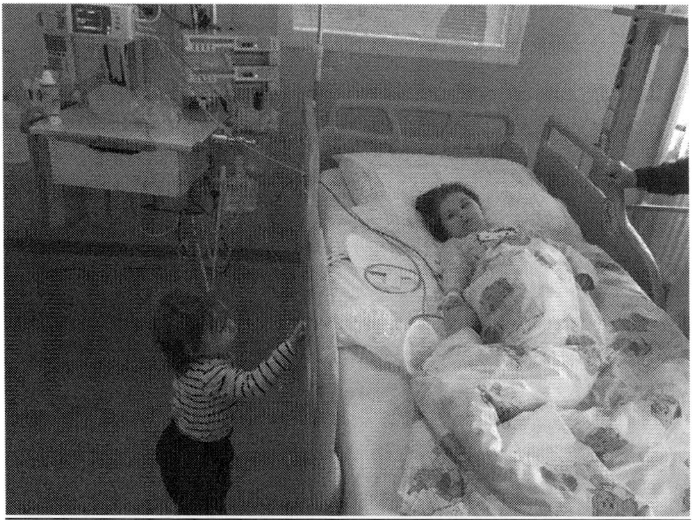

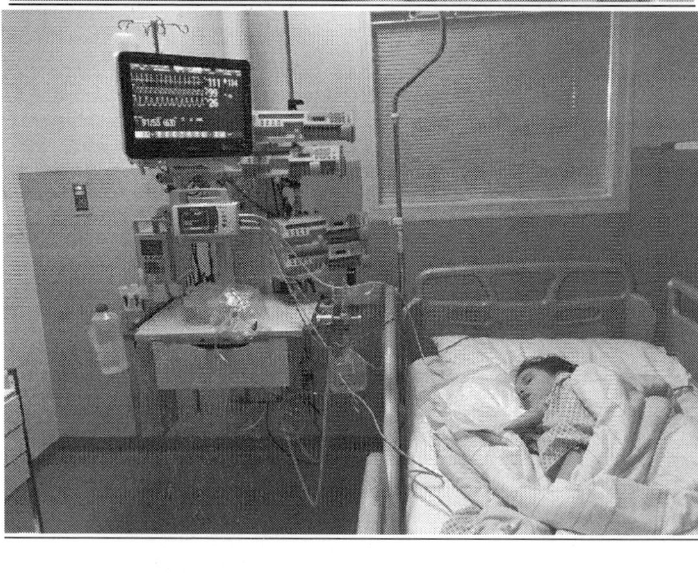

2017

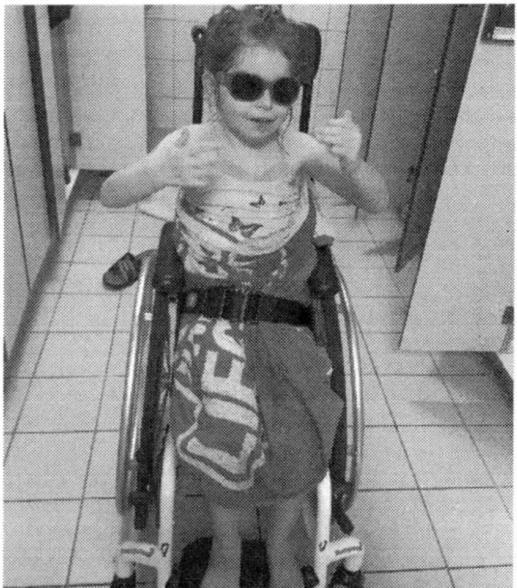

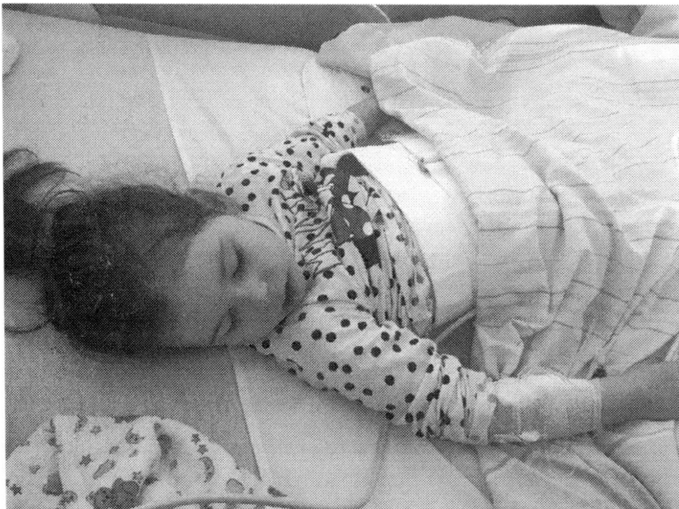

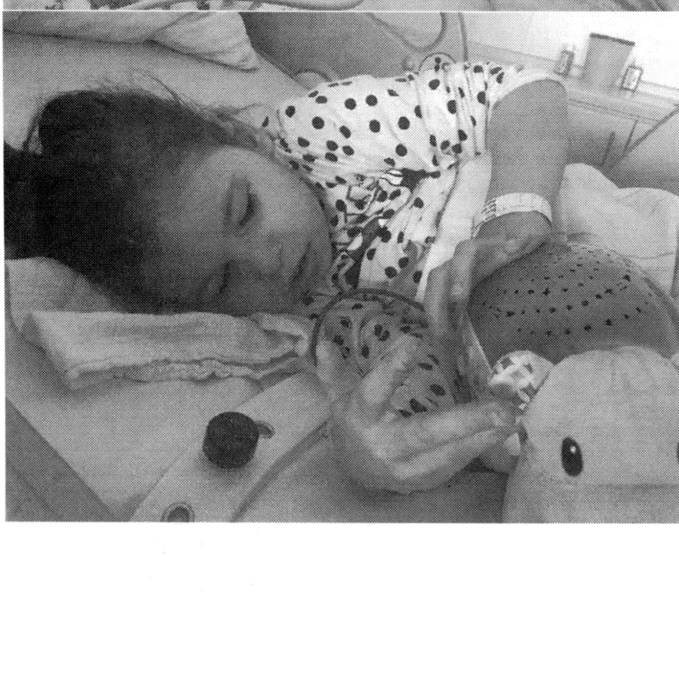

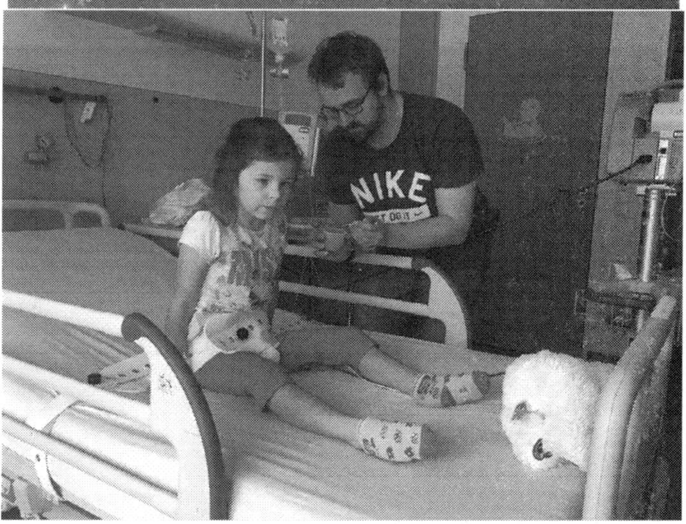
NIKE

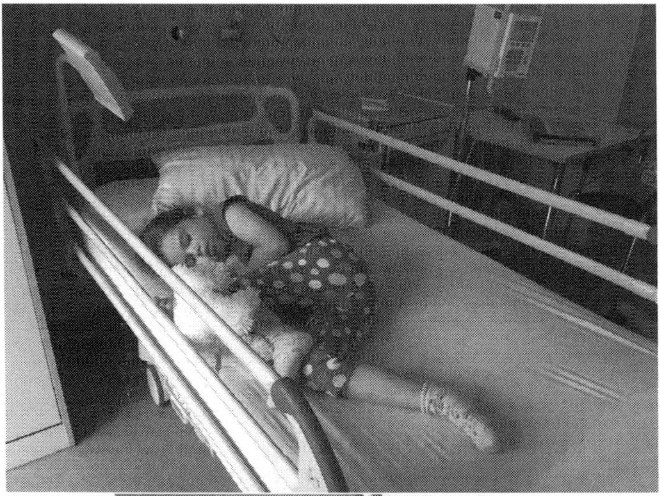

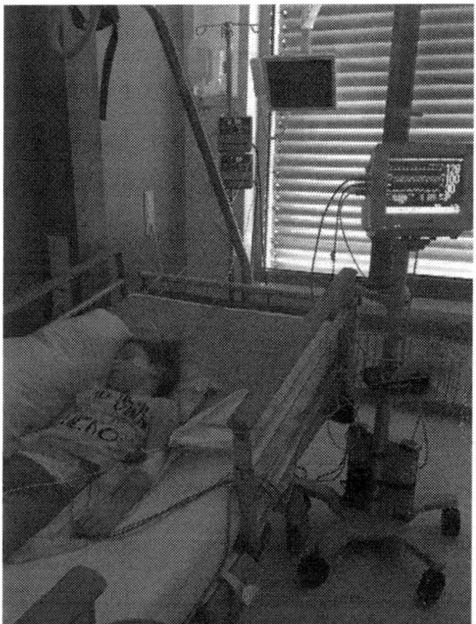

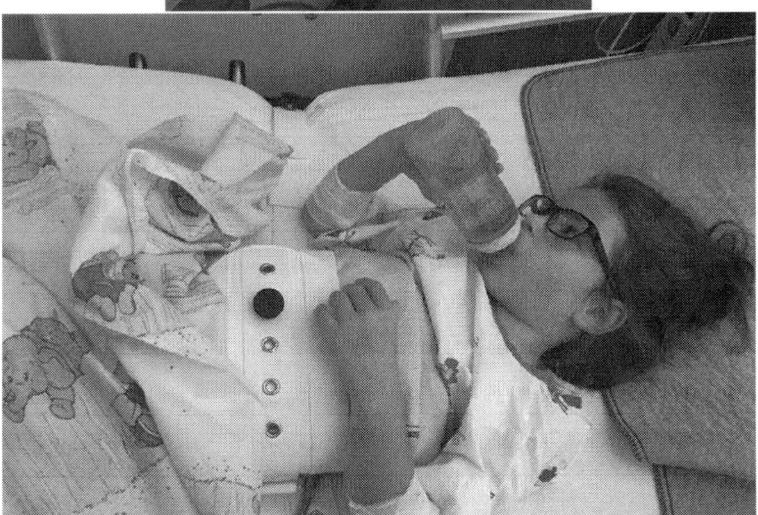

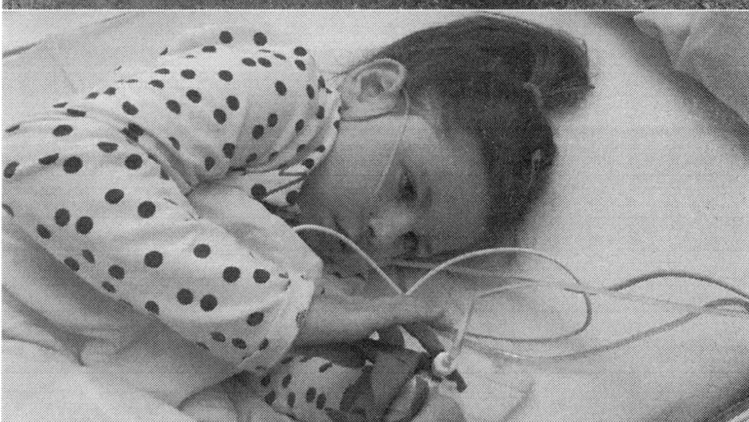

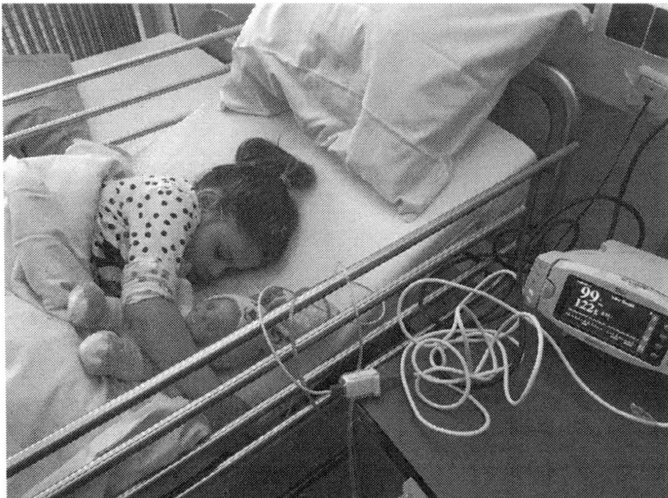
99
122

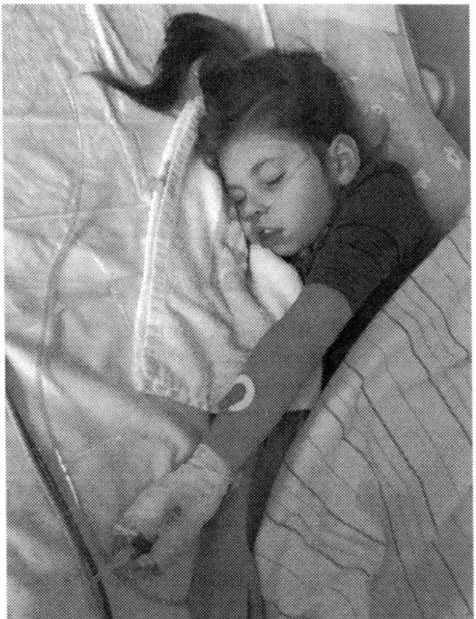

2018

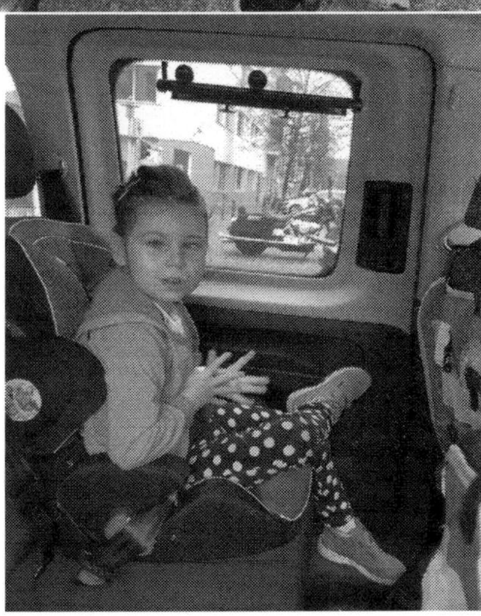

JACK &
JONES

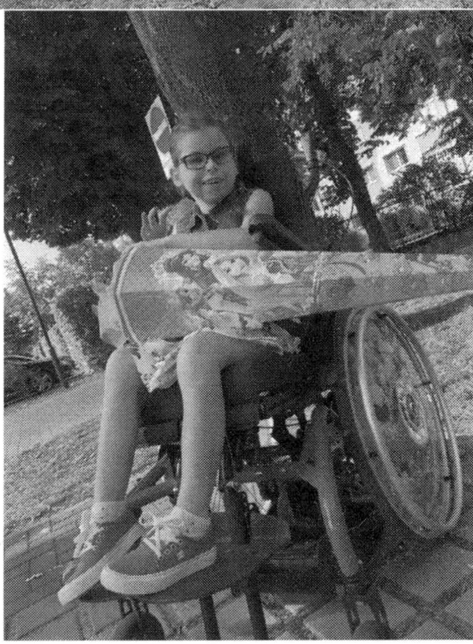

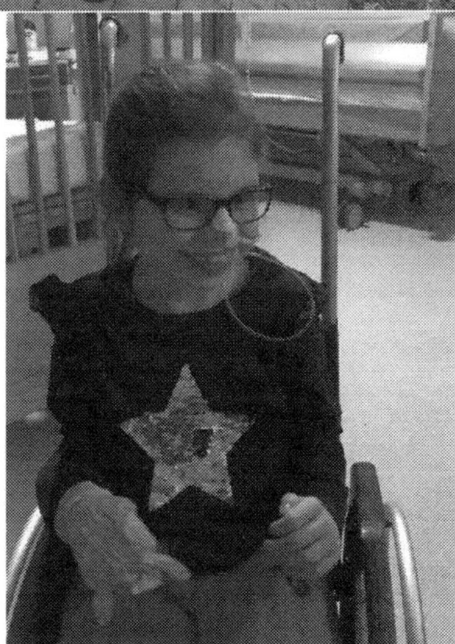

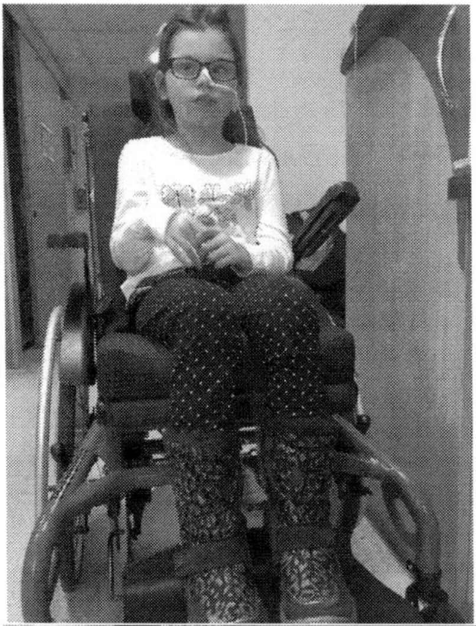

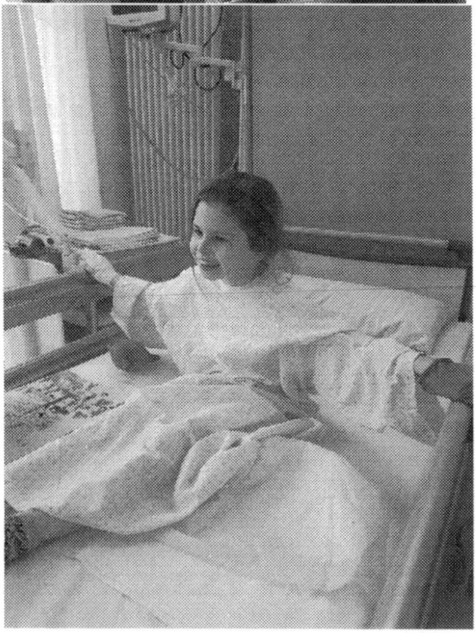

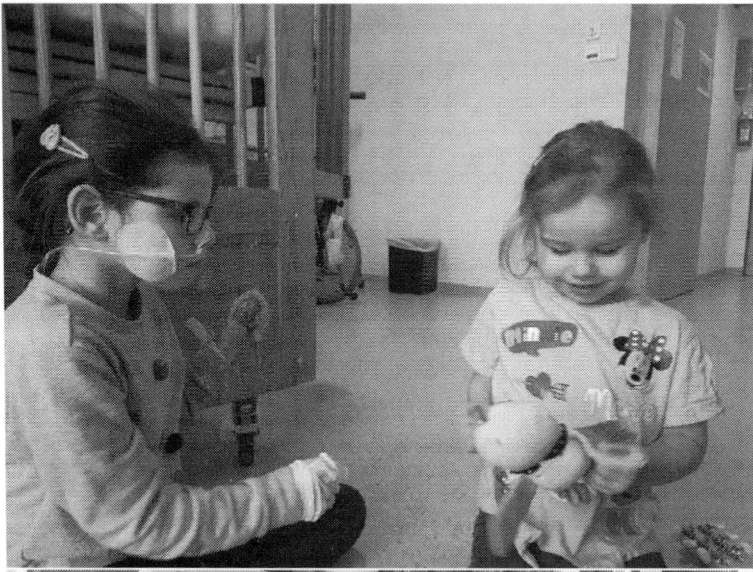

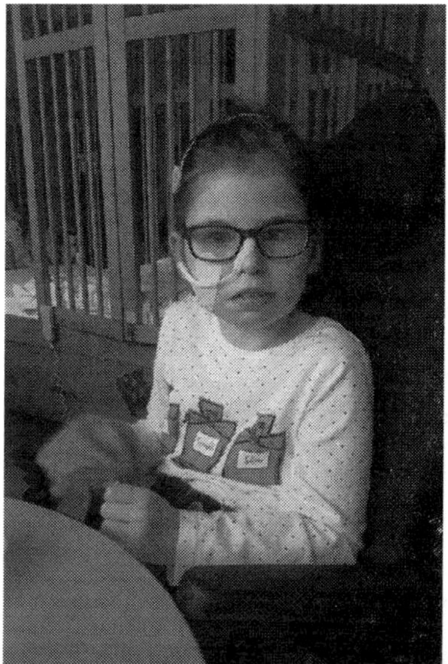

<u>2019</u>

„Und auch, wenn ich mal nicht da bin und auch wenn nicht alles einfach ist, sollst du einfach wissen, dass du immer meine Heimat bist. ♥“

Julia Engelmann

Aus Spaß wurde ernst

Anfang des Jahres 2015 war ich schon einige Monate lang schwanger, als wir uns entschlossen als Familie (Meine Oma und mein Opa, mein Mann Pascal und Stella) in ein Familien-Erlebnis-Zentrum zu gehen.

Das FEZ in Berlin war schon für mich, als Kind damals, ein optimales Ferienzentrum. Dort gab es gegen Eintritt jeden Tag und an jedem Wochenende großartige Events. Im Herbst konnte man dort z.B. Drachen basteln. Im Sommer gab es tolle Kinderfeste und manchmal Theater oder andere tolle Aktionen.

Als ich ca. 6-10 Jahre alt war, sind meine Großeltern immer mit mir in den Ferien dorthin gegangen. Es erinnerte mich an die Unbeschwertheit und Naivität meiner Kindheit. Es gab immer schöne Spiel- und Bastel-Ecken.

So gab es, auch an diesem Tag, wieder eine super Aktion. Doch, wenn ich ehrlich bin, dann habe ich schon wieder vergessen, was es dort genau für ein Event war, denn meine letzte Erfahrung überschattete nun alle positiven Ereignisse.

Das einzige, woran ich mich erinnern kann ist, dass es für Kleinkinder war. Dort gab es Sandkästen in den Hallen mit Buddelzeug und lauter Schippen und Eimern, einige Musiker waren vor Ort, die Kinderlieder sangen und große Bereiche, wo die Kinder mit übergroßen Bausteinen spielen konnten.

Ich weiß noch, dass es ein toller Tag war, bis zu einem ganz bestimmten Moment.

Wir wollten eigentlich, so langsam, nach Hause fahren. Es fehlten nur noch unsere Jacken, welche wir bei einer Garderobe abgegeben hatten. Ich sagte zu meiner Oma, dass ich die Jacken nun holen wollen würde. Doch damit ich noch in Ruhe unsere Taschen packen konnte, lief meine Oma mit Stella auf dem Arm schnurstracks los.

Sie wollte mir einen Gefallen tun. Es war eine nett gemeinte Geste. Leider wurde daraus eine der der schlimmsten Entscheidungen für Stella.

Meine Oma lief los. Ich sah sie in Zeitlupe. Beobachtete beide. Meine Oma, die schon so viel erlebt hatte, die damals mich so auf dem Arm trug und nun meine Tochter. Und Stella, die bisher so einen spaßigen Tag hatte.

Es war sogar ein besonders stressfreier Tag, an dem wenig genörgelt wurde und es im Allgemeinen keine schlechte Stimmung gab.

Plötzlich, innerhalb weniger Millisekunden, rutschte meine Oma, mitsamt Stella, vor einem Stand mit Waffeln aus. Der Puderzucker war rutschiger, als jede Seifenlauge es hätte sein können. Der Fall war schnell, sehr hart und unglaublich dumpf.

Im ersten Moment blieb mein Herz stehen und im nächsten lies ich all meine Sachen liegen und rannte zu ihnen. Völlig schockiert und mit leichter anfallenden Panik nahm ich ihr innerhalb weniger Sekunden Stella aus dem Arm. Ich sah Stella an und sie holte keine Luft. Sie sah aus, als würde sie stumm schreien.

Dann erst kam der Schmerzschrei. Sie weinte so qualvoll, dass ich auch anfing zu weinen.

Mein über alles geliebtes, immer beschütztes kleines Baby, Mein Engel, mein Schatz, mein Glück auf Erden, musste einen harten Aufprall mit dem Kopf auf dem Marmor spüren.

Während Stella schrie, ging alles ganz hektisch vonstatten. Mein Mann holte die Sachen, die ich einfach liegen ließ, meine Oma war aufgelöst und suchte einen Erste-Hilfe-Sanitäter und ich hielt einfach nur Stella im Arm und weinte, während ich auch Ausschau nach jemanden hielt, der uns hätte helfen können.

Meine Augen wanderten durch den Raum und mir schien es, als wären alle Augen auf uns gerichtet. Doch niemand half uns.

Wir wurden von Mitarbeitern dann, nach gefühlten Stunden, in einen Raum gebracht, in dem in der Regel höchstens, auf kleine aufgeschürfte Knie, mal ein Einhorn-Pflaster geklebt werden musste.

Ich lehnte mich mal so weit aus dem Fenster, dass ich bis heute die Vermutung habe, dass es in diesem Raum nie wirklich solch einen Notfall gegeben hatte, wie Stella einer war. Denn niemand nahm die Situation so ernst, wie wir es in diesem Moment taten.

Dort hatte man vielleicht einmal im Monat ein Kind zur Behandlung auf der Matte. Und diese Kinder haben höchstens einen kleinen Splitter in der Hand.

Mit uns waren sie völlig überfordert, das sah ich ihnen sofort an, als wir in diesen Raum kamen.

Stella war in meinen Armen schon bewusstlos geworden und atmete nicht mehr regelmäßig.

Ich schrie die Leute dort mehrmals panisch an, dass sie sofort einen Rettungsdienst rufen sollten, weil mein Kind gerade sterben würde.

Sie nahmen mich noch immer nicht ernst und wollten, sinnloser weise, bei Stella mit solch einem Reflex Hammer auf ihren Knien klopfen, um zu sehen, ob der Reflex noch vorhanden wäre. Ich sagte ein zweites Mal etwas lauter, dass sie sofort den Notarzt holen sollen, weil sie nicht atmen würde.

Sie wollten sich erst besprechen und deshalb sagte ich meinem Mann er solle SOFORT den Rettungsdienst rufen.

Für uns war das, in diesem Moment, eine unterlassene Hilfeleistung.

Nach ca. 10 Minuten, traf dann ein Löschzug mit der Feuerwehr ein. Wir waren sprachlos über den Ablauf dieses Tages. Denn was hätte uns denn die Feuerwehr dabei helfen können? Alles, was an diesem tag hätte schiefgehen können, ging auch schief.

Zum Glück kam nach dem Missverständnis, nur weitere 5 Minuten später, der richtige Notarzt und wir konnten endlich in das nächste Krankenhaus gebracht werden.

Die Sanitäter und auch der Notarzt kümmerten sich sofort und auch gewissenhaft um Stella. Sie nahmen die Situation ernst, denn sie sahen, dass Stella nicht atmete.

Sie bekam dort zum allerersten Mal künstlich Sauerstoff über die Nase.

Die Sauerstoff Sättigung stieg mit dem Schlauch zwar, war aber noch immer unter der Norm.

Der Notarzt spürte, dass etwas nicht stimmte und sagte, dass Stella es nicht schaffte, allein zu atmen.

Zusätzlich zu dem Schlauch an der Nase, musste sie dann nun auch noch beatmet werden. Mit einem riesigen Beatmungsbeutel hob sich die Brust dann unnatürlich, aber gleichmäßig.

Mir war die ganze Zeit über schlecht, denn die Schwangerschaftsanzeichen, machten sich bemerkbar.

Ich blendete meine eigenen Gefühle aus und hoffte einfach nur, dass Stella nicht sterben würde.

Ich wiederholte innerlich immer wieder: „Stella, du schaffst das! Du stirbst nicht! Nicht heute! Ich bin da Stella! Alles wird gut!“

Im Krankenhaus angekommen, wurde Stellas Zustand noch kritischer und ich wurde auf der Intensivstation aus dem

Raum geschickt. Ich wollte noch fragen, warum ich jetzt raus musste, doch ich konnte mir die Frage dann selbst beantworten.

Sie kämpften da gerade um das Leben meines Kindes.

Pascal kam dann nach einer gefühlten Ewigkeit mit meinen Großeltern hinterher und wir setzten uns in den Warteraum der Intensivstation.

Ich weinte, Pascal tröstete mich. Ich beachtete meine Oma damals nicht. Ich war so in meiner eigenen Welt und meinen Gefühlen gefangen, dass ich nicht fähig war, daran zu denken, wie sich meine Oma in dieser Situation gefühlt haben musste. Sie ist schließlich mit ihr hingefallen.

Ob sie sich dabei auch weh tat und wie es ihr ging, war damals nicht in meinem Kopf und deshalb fragte ich sie auch nie.

Das tat mir immer und auch bis heute leid.

Sie konnte nichts dafür. Es waren mehrere Umstände, die alles zusammenfügten. Schicksal? Ich weiß es nicht.

Es sollte so kommen und wichtig war es nur, dass wir alle zusammenhielten.

Nach einer Stunde kam der leitende Oberarzt zu mir, um mich über den aktuellen Gesundheitszustand von Stella zu unterrichten. Wir gingen gemeinsam in ihr Zimmer.

Stella lag unnatürlich gerade auf dem Rücken und sah aus, als würde sie schlafen.

Sie war an sämtlichen Maschinen angeschlossen. Einige davon kannte ich schon. Andere hingegen waren selbst für uns als erfahrene Krankenhaus Patienten neu.

Eine Beatmungsmaschine sieht gruselig aus und macht seltsame Geräusche. Doch sie hält am Leben, so wie an diesem Tage auch bei Stella.

Es war der Sommer 2015. Andere Kinder in ihrem Alter waren vielleicht gerade im Schwimmbad, im Kindergarten, auf dem Spielplatz oder erzählten ihren Eltern eine Geschichte.

Doch wir waren mal wieder im Krankenhaus und Stella kämpfte um ihr Leben.

Nach ca. einer Woche im Künstlichen Koma, ließen die Ärzte Stella von den Maschinen, da sie versuchte von allein zu atmen. Es funktionierte und nur eine Woche später machte sie zum ersten Mal wieder ihre Augen auf.

Sie war noch ganz weit weg und noch nicht wirklich bei Bewusstsein, doch es sollte aufwärts gehen.

Nach ca. 2 weiteren Wochen nach dem Unfall, bewegte sich Stella in ihrem Bett, noch immer auf der Intensivstation, immer mehr. Wir bemerkten, dass sie nur noch ihre rechte Körperhälfte benutzte.

Der linke Arm und das linke Bein und sogar ihre linke Gesichtshälfte konnte Stella nicht mehr benutzen.

Alles hing, wie nach einem Schlaganfall, an ihr herunter. Das zu sehen, war für mich ein riesen Schock.

Die Ärzte machten mir erst keine Hoffnung, doch wir ließen uns davon nicht abhalten an Stella zu glauben.

Nach der Entlassung und noch einige Wochen darauf kämpfte Stella für ihre Genesung und nach ca. einem halben Jahr nach dem Unfall, konnte Stella wieder alles so bewegen, wie es sein sollte.

Wir wussten bis dahin noch nicht, dass dies nun der Beginn einer Regelmäßigkeit werden sollte. In den darauffolgenden Wochen kam es immer wieder zu Anfällen.

Es pegelte sich dann auf 3 Wochen ein. Alle drei Wochen (man konnte die Uhr danach stellen) bekam Stella einen Anfall. Der eine schlimmer, der andere weniger schlimm.

Und wir wurden nach jedem weiteren Anfall abgestumpfter.

„Wir sollten alle mal
auf unser Leben schauen
und realisieren,
was wir alles schon erlebt,
gesehen und getan haben,
wie viele Probleme wir durchgemacht,
gemeistert und überstanden haben.
Manchmal sollten wir auch einfach mal stolz auf
uns sein dürfen.“

Jennifer Hänsel

Facebookbeiträge von 2015-2016

Die Zeiten vom Jahre 2015 bis zum Jahre 2016 waren sehr chaotisch. Ich kann mich nicht mehr genau an alles erinnern.

Es war viel zu viel, um jetzt alles haarklein und detailreich zu wissen bzw. widergeben zu können, weshalb ich nun meine damaligen Gedanken, die ich bei Facebook geteilt habe, hier zeigen möchte. Es folgten viele Anfälle, schwere und dunkle Zeiten des Hoffens und Betens.

Lasst euch von der Vergangenheits-Jenna erzählen, wie ich mich damals so fühlte.

2. Juli 2015

Stella ist gestern wieder ins Krankenhaus gekommen.

Sie war apathisch und kurz vor der Bewusstlosigkeit ...

Die Ärzte wissen nicht genau ob sie einen Anfall hatte oder es nur die Hitze war ...

Stella geht's soweit aber wieder besser.

Kann man sich vorstellen, was man für Angst um sein Kind hat, wenn man einen Anruf bekommt und hört, dass sie ins Krankenhaus gebracht wird??

Es kommen immer und immer wieder die schrecklichsten Situationen wieder hoch.

- Stella in Lebensgefahr - Stella hört auf zu atmen - Stella muss beatmet werden - Stella ist wieder gelähmt - Stella erbricht sich

Das sind keine Ängste ... Das sind reale Gefahren ...

Jedes Mal, wenn ich einen Anruf bekomme und Stella wieder einmal auf dem Weg ins KH ist, muss ich daran denken und habe solche Angst um sie.

Und dann kommen Leute um die Ecke und vergleichen Stellas Leiden mit einem Armbruch eines gesunden Kindes, dass man Stella doch nicht in Watte packen soll, sie wäre doch auch nur ein Kind ...

Wenn man das schon nicht komplett nachvollziehen kann, wie es einem geht, dann kann man doch wenigstens Mitgefühl zeigen, oder? Oder dann einfach garnichts sagen ...

Ich wünsche niemanden in solch eine Situation, wie meiner, es kann doch eigentlich jeder froh sein, gesund zu sein ...

Ich bin so froh, dass Stella nicht solche Frauen als Mutter haben muss, dann hätte es Stella noch schwieriger, als sie es ohnehin schon hat.

Ich bin glücklich, dass ich meine Familie habe, die hinter mir und meinen Entscheidungen steht...

Denn Familie bleibt für immer.

Da kann kommen, was will ...

Danke auch an meinen Mann, der mich in solchen unangenehmen Situationen unterstützt und mir den Halt gibt, den ich brauche...

Und ich kehre nun denen den Rücken, die mir und meiner Familie nicht gut tun ...

Das musste ich jetzt einfach noch los werden ...

23. August 2015

Wir haben lange nichts mehr hier geschrieben ...

Ist ja auch viel passiert.

Stella wird ja in 3 Wochen große Schwester und ihre Mama hat am 14.08.15 geheiratet ...

Und am 29.08.15 bekommt Stella ihr neues Zimmer, denn wir ziehen um.

Stella kommt endlich wieder nach Hause und wir sind wieder komplett!

Ihr Pflegebett ist noch in Arbeit aber auch bald in ihrem Besitz.

Stella geht es super und sie ist wieder auf dem Stand, wie sie vor ihrem letzten großen Anfall war.

Die linksseitige Lähmung ist komplett wieder normalisiert und ihr geht's super.

Scheinbar wirken ihre Antiepileptika gut 👍.

Und die Hitze hat Stella bisher dank eines Pools auch gut überstanden

15. August 2016

Während ich das hier schreibe, liegt Stella wieder auf der Kinderintensiv-Station.

Ich sitze mit in dem gelb- weiß gestrichenen Zimmer. Die Farben sollen beruhigend wirken.

Ich bin ruhig.

Ich bin aber auch so traurig...

Die Tränen laufen mir das Gesicht runter.

Ich weiß nicht was ich machen soll. Ich fühle mich hilflos ...

Mein Mann Pascal wollte mich heute ausschlafen lassen ...

SCHNELL !!! AUFSTEHEN !!! STELLA HAT EINEN ANFALL !!!!

Das hat mich aus meinem Schlaf gerissen.

Mein Herz raste sofort und ich stand im Bett.

Ich rannte rüber in Stellas Zimmer.

Da lag sie, in ihrem Bett, wurde schon leicht blau ...

An ihrem ganzen Körper krampfte sie. Ihre linke Hand krampfte pulsierend.

Alle anderen Körperteile krampften auch aber etwas abgeschwächt.

Mein Mann wählte die Nummer für den Notarzt während ich bei Stella blieb.

Ich nahm das erste Notfall Medikament und gab es ihr in die Mundhöhle.

Ich wartete ...

Nichts passierte ...

Dann nahm ich das zweite Medikament und gab es ihr auch.

Doch Stella krampfte weiter.

Mila (11 Monate alt) weinte ... Wie mussten sie erst einmal in ihr Zimmer bringen.

Das Türschutzgitter hielt sie davon ab uns zwischen den Beinen umher zu laufen ...

Sie bekam die Hektik mit und schaute uns zu.

Mein Mann übernahm Stella und beobachtete sie weiter ... Denn mehr, als nun auf die Notärzte zu warten, konnten wir nicht machen .

Ich packte schon ein paar Sachen für

Stella ein ... Das übliche ...

Hemd, Schlüppi, Schlafanzug, Socken, Krankenkarte...

Ich zog mich auch schnell selbst an ...

Dann hielt ich kurz inne ...

Ich überlegte, ob ich weinen sollte ... Ich fühlte mich danach ... Ich würden gerne einmal ganz lange weinen, einfach loslassen, den Druck ablassen ...Schwäche zeigen ...

Doch das war das Stichwort.

Ich mich musste jetzt stark sein

Ich räumte die Sachen ein und ging wieder zu Stella ... Sie krampfte noch immer.

Die Notärzte waren dann da und betraten alle Stellas Zimmer.

Mein Mann und ich standen im Flur und nahmen Abstand, damit die Notärzte und Assistenten genug Platz für sich hatten.

Ich nahm Mila auf meinen Arm und sagte ihr dass alles ok ist. Sie schaute ganz aufgeregt in Stellas Zimmer.

Man sah nichts von ihr ...

Nur einen Fuß konnte man zwischen all den Sanitätern, Notärzten und Assistenten heraus lugen sehen..

Sie krampfte weiter ... Sie gaben ihr diverse andere Medikamente und legten ihr einen Zugang ...

Sie hängten ihr auch einen Tropf ans Bett ...

Dann hieß es umziehen in den Krankenwagen ..

Ich kam mit in das Fahrzeug und mein Mann blieb bei unserer kleinen Tochter Mila.

Ich verabschiedete mich...

Nun fuhren wir nach Berlin in ein Krankenhaus, die Stella kannten und in dem es eine Kinder intensiv Station gab.

Dort angekommen, krampfte sie immer wieder.

Es gab weitere Medikamente, intravenös mit in den Zugang und aber auch Spritzen.

Dann endlich, nach insgesamt 1 1/2 Stunden, hörte Stella auf zu Krämpfen!

Sie hatte Probleme mit der Atmung (verständlich nach so vielen Medikamenten)

Und nun braucht sie wieder Sauerstoff über die Nase.

Stella krampft nun nicht mehr ... Sie ist völlig kaputt vom krampfen

(ist ja auch anstrengend, wenn sich 1 1/2 Stunden alle Muskeln verkrampfen - wie ein Wadenkrampf, nur am ganzen Körper ... Das tut weh und macht einen fertig)

Ich sitze nun neben ihr und versuche mich mit dem Schreiben von diesem Text abzulenken ...

Um nicht weinen zu müssen, obwohl ich das wirklich gerne mal machen würde...

Ein paar Tränen laufen trotzdem...

ich muss doch stark sein für Stella! Und das werde ich auch immer für dich bleiben Stella!

Ich bin immer für dich da! Werde nie von deiner Seite weichen, dich immer beschützen und verteidigen, für dein Recht kämpfen und dich immer lieben, solange mein eigenes Herz noch schlägt!!!!!!

Meine Kämpferin!!!

2. November 2016

Leider habe ich in letzter Zeit nicht die Kraft und Zeit gehabt, etwas zu posten ...

Stella hatte dieses Jahr viele epileptische Anfälle.

Der letzte vor ca. einem Monat.

Dieser war besonders heftig.

Mein Mann und ich wurden Sonntagmorgen von Stellas weinen wach.

Es war kein normales weinen, das habe ich gleich gemerkt.

Es hörte sich kraftlos an, als wenn sie mit letzter Mühe uns Bescheid geben möchte, dass etwas nicht stimmt.

Ich bin sofort in ihr Zimmer gerannt ...

Ich dachte erst, dass sie vielleicht gesessen hat und sich den Kopf gestoßen hat. Doch als ich sie auf den Arm nehmen wollte, merkte ich, wie kraftlos sie war ... Sie ließ ihren Kopf hängen und konnte ihre Arme und Beine nicht bewegen ... Sie verdrehte die Augen und es kam mir so vor, als wenn sie gleich ohnmächtig wird. Ich habe sie wieder ins Bett gelegt, um zu schauen, was sie hat.

Sie lag erschöpft da und konnte sich nicht rühren ...

Dann sah ich, wie sie wieder krampfte mit der rechten Seite ... Die rechte Hand und das rechte Bein zitterten ...

Ich holte sofort das Notfall Medikament, dass man in die Wangentaschen gibt.

Das geht schneller, als ein Epi-Einlauf.

Erst gab ich es ihr in die eine Wangenseite, dann in die andere ...

Sie hörte auf zu Krampfen und ich rief den Notarzt ...

Im Krankenhaus dann noch zwei weitere Anfälle - Überweisung in die Kinderklinik nach Berlin.

Dort hat Stella fast eine Woche nur geschlafen (von den ganzen Medikamenten) deshalb bekam sie für ein paar Tage eine Magen Sonde.

Als sie langsam wieder zu sich kam, merkten wir, dass sie wieder ihre linke Körperhälfte nicht bewegte...

Die Ärzte machten mir wenig Hoffnung, dass die Lähmung zurück geht, doch Stella kämpfte, sodass sie nach drei Wochen ihre linke Körperhälfte einigermaßen bewegen konnte.

Beim Lächeln merkt man, dass sie nur eine Gesichtshälfte bewegt ...

Und Stella hat aufgehört zu laufen und/oder zu krabbeln.

Sie kann auch nicht lange sitzen ...

Aber wir hoffen, dass sie mit der Physiotherapie weitere Fortschritte machen wird ...

Aber erstmal ist Stella weiterhin an ihren Rollstuhl "gefesselt"

„Ich hab das Gefühl, ich lebe in inneren Jahreszeiten. Manchmal bin ich so traurig, dass ich glaube, dass ich nie wieder glücklich werden kann und dann wieder bin ich so glücklich, dass ich mich nicht erinnern kann, dass es jemals anders war“

Julia Engelmann

Sat.1 Frühstücksfernsehen

„Hey, du bist doch... hier... die Mutter des Mädchens, oder? Stella? Heißt doch so, oder?“

„Ähm, ja?!“

„Ich hab dich gesehen im Fernsehen, bei Sat.1! Und ich hab damals auch den Beitrag geteilt! Krass, wie ihr das so macht! Respekt dafür! Du und dein Mann, ihr packt das! Ja, ich muss dann auch wieder los, man liest sich, tschüssi!“

Viele solcher Begegnungen hatte ich an den seltsamsten Orten. Nein, nicht nur in meiner Stadt Strausberg bin ich bekannt, wie ein bunter Hund. Auch völlig Fremde Menschen sprechen mich an. Selbst hunderte Kilometer von meinem zu Hause, erkennen mich Menschen wieder.

Meist bin ich einfach nur überwältigt, dass das damals so weite Kreise gezogen hat.

Doch oft bin ich auch einfach erschrocken aber gleichzeitig auch so gerührt, wie sehr ich mich scheinbar in die Köpfe völlig fremder Menschen geschrieben habe.

Leute, die uns nicht persönlich kennen, spendeten für uns. Eine Therapie in Bayern und auch ein Spezial Dreirad wurden von euch übernommen. Was bitte hat unsere Familie besonderes getan, dass ihr so verrückt seid und uns unterstützt habt? Ich war damals und bin auch noch immer sprachlos über diese Reaktionen. Klar, es gab auch negative Reaktionen auf uns, die mich hart getroffen haben.

Wie ihr ja wisst, bin ich nah am Wasser gebaut und auch die kleinsten Sprüche oder Zweifler brachten mich wieder auf den Boden der Tatsachen.

Ich weiß, dass das alles nicht selbstverständlich ist und ich bin einfach nur froh, dass alles so ist, wie es ist.

Aber kommen wir zum Anfang des „Hypes“.

Einige Jahre lang schon kämpften wir unbemerkt und Undercover für Stellas Rechte.

Meine Familie, besonders meine Mama, unterstützten mich bei sämtlichem Schriftverkehr mit den Behörden. Ihr könnt euch vorstellen, dass das sehr oft und auch sehr viel Papierkram beinhaltet.

Wie oft hatten mich wohl Ablehnungen der Behörden oder andere Institutionen aus der Bahn geworfen?!

Wie oft hätte ich fast aufgegeben und nicht mehr weitergekämpft, wenn nicht meine Mama mir immer wieder Mut gemacht hätte, den Leuten zu zeigen, dass wir es Wert sind, dass wir Unterstützung brauchen und dass es Stella einfach zusteht.

Ungerechtigkeiten gibt es überall auf der Welt und ich möchte nicht behaupten, dass das Leben mit einem Kind mit Behinderung das ungerechteste ist.

Nein, es gibt Armut, Hunger, Massentierhaltungen, Mord, Politiker, die bestochen werden und viele viele andere Dinge. Aber in meiner kleinen Welt, die ich unmittelbar beurteilen kann, ist der Umgang, insbesondere mit den

Angehörigen von behinderten Menschen, einfach nicht würdig.

Könnt ihr euch vorstellen, dass klein Jenna damals mit 8-9 Jahren mal zu ihrer Mama gesagt hat, sie würde gerne mal Politikerin werden, um all die Ungerechtigkeiten aus der Welt zu schaffen?

Ja, das wollte ich damals. Die Antwort meiner Mama hallt noch heute in meinen Ohren.

„Mein Schatz, wenn du helfen möchtest, dass es weniger Ungerechtigkeiten gibt, dann tu etwas dagegen und kämpfe! Politikerin möchtest du bestimmt nicht werden. Politiker werden irgendwann korrupt und lügen. Ich möchte nicht, dass du lügst. Du bist viel zu sensibel für solch einen Job.“

Sie wusste genau, was sie da sagte. Und sie kannte mich. Niemals würde ich den Gegnern standhalten können. Wenn jemand ein Argument gegen meine Theorien hätte, würde ich vermutlich heulend aus dem Raum rennen. Ich bin einfach zu sensibel. Punkt. Und deshalb kämpfe ich noch heute lieber im Hintergrund.

Dass unsre Geschichte dann solch einen Lauf nimmt, hätte ich nie gedacht. Aber ich sitze nun an meinem Laptop und schreibe dieses Buch. Weil es da draußen Leute gibt, die an uns glauben. Danke dafür!

Aber jetzt zurück zum wesentlichen. Wir kämpften damals im Jahr 2016 um den Fahrdienst für Stella.

Stellt euch einfach die Situation vor:

Pascal war von 5:00 Uhr morgens bis 17:00 Uhr abends arbeiten.

Ich war zu Hause und sollte mich um die Kinder kümmern, was bedeutete, dass ich Stella in die Kita bringen und abholen musste und Mila (damals noch ein Baby) den ganzen Tag bei mir hatte.

Mein Tag sah so aus, dass ich erst Mila am Morgen die Milchflasche bzw. die Brust gab. Danach holte ich Stella aus ihrem Bett, windelte sie, wusch sie, gab ihr frühstück und zog sie an. Dann zog ich Mila auch an.

Mila packte ich warm ein (Winter) und legte sie in die Auto-Babyschale.

Stella setzte ich in den Rollstuhl und zog ihr die Schuhe an.

Ich machte die Tür unserer Wohnung auf, die sich im ersten Stock befand. Stella mitsamt dem Rollstuhl trug ich bis vor die Haustür, dann musste ich sie dort stehen lassen. Ich ging dann wieder hoch in die Wohnung und holte Mila mit der Babyschale und trug sie auch runter.

Unten angekommen schob ich Stella mit nur einer Hand (denn in der anderen war ja Mila) zum Auto. Dort setzte ich erst Mila rein und schnallte sie an, dann setzte ich Stella in den Kindersitz, schloss die Türen und verstaute den Rollstuhl im Kofferraum.

Dann erst konnte ich mich hinter das Lenkrad setzen. Völlig durchgeschwitzt fuhr ich ca. 15 Minuten bis zur Kita von Stella.

Dort angekommen also alles Retoure. Kofferraum auf, Rollstuhl raus, Stella in den Rollstuhl rein. Tür zu. Milas Tür auf, Babyschale abschnallen und rausholen. Mit beiden Kindern in die Kita laufen, Stella ausziehen und Hausschuhe für die Kita anziehen, und zur Erzieherin bringen. Mila war die ganze Zeit in der Babyschale.

Dann musste ich mich mit Mila zusammen wieder ins Auto setzen. Entweder konnte ich dann den Haushalt erledigen oder einkaufen gehen. Wenige Stunden später, musste ich Stella wieder abholen und das ganze Prozedere ging von vorne los.

Das Ganze ist vielleicht ein paar Mal machbar, aber ich denke, es ist auch verständlich, dass ich nach 2 Monaten gesagt habe, dass ich das nicht mehr packe.

Ich habe dann beim Sozialamt einen Fahrdienst beantragt, der Stella am Morgen bei mir abholen würde und am Nachmittag wieder zurückbringen würde.

Zumindest für ein Jahr, bis Mila laufen hätte können.

Das Sozialamt lehnte den Antrag ab. Die Begründung des Sozialamtes war, dass sowohl der Wohnort als auch die Kita im selben Ort waren und sie es deshalb nicht für notwendig hielten, uns den Fahrdienst zu genehmigen.

Wenn wir den Fahrdienst selbst bezahlt hätten, hätte uns das 50€ am Tag gekostet. Auf den Monat gerechnet, wären das 1500 €.

Ich rief dann in der Kita an und sagte, dass ich das nicht mehr schaffen würde und Stella so lange zu Hause bleiben würde, bis ich eine Lösung gefunden hätte.

Nun hatte ich zwei Kinder zu Hause und war selten mit ihnen draußen, weil ich es allein einfach nicht geschafft hätte. Außer, eine Freundin, meine Eltern oder andere Bekannte, besuchten mich, dann konnten wir mal einen Spaziergang oder ähnliches unternehmen.

Viele Nächte habe ich mich in den Schlaf geweint und mich gefragt, ob das Leben nun so für mich aussieht. Und die armen Kinder mussten darunter leiden.

Eines Nachts schrieb ich mir den Frust von der Seele:

Teilen erwünscht☆

Ich entschuldige mich jetzt schon für den langen Text. Bitte lass dich nicht abschrecken und lies ihn trotzdem...

Hallo ihr lieben 👋

Ich habe lange überlegt ob ich mich an die Öffentlichkeit wende... Ich frage mich, ob es überhaupt etwas bringt und ob es jemand liest... Und selbst wenn, ob es überhaupt irgendjemanden interessiert. 🤔

Ich fange am besten ganz von vorne an und erzähle die Vorgeschichte...

Ich heiße Jennifer, bin 23 Jahre alt, verheiratet und habe 2 wunderbare Kinder. Wir leben in einer ruhigen Wohngegend und die Nachbarn sind auch super.
(Wir wohnen in Strausberg)

Doch wir sind keine "normale" Familie...
Wir sind etwas Besonderes, denn wir haben eine große Tochter , die ihr Leben lang auf uns angewiesen sein wird.

Ihr Name ist Stella. Sie wird 5 Jahre alt dieses Jahr. Doch sie ist auf dem geistigen und körperlichen Stand eines Säuglings.
Sie kann nicht sprechen , nicht laufen , nicht alleine essen , nicht alleine trinken und so viele andere Sachen nicht .

Wenn ich Stella morgens in die Integrationskita bringe , sehe ich die anderen 4-Jährigen Mädchen da sitzen , sie malen , sie tanzen , sie toben , sie spielen Verstecken. Sie sind unbeschwert. In solchen Momenten muss ich schlucken. Ich habe einen Kloß im Hals und wenn ich könnte, würde ich weinen.

Stella versteht nicht einmal, was sie alles nicht kann. Sie weiß es einfach nicht und lacht und freut sich, wenn sie in der Korbschaukel der Kita liegt und die Sonne ihre Nase kitzelt.

Ich habe ihre kleine Schwester Mila auf dem Arm. Mila... Kein Jahr alt und möchte langsam laufen, deshalb setze ich sie runter. Sie nimmt meine Hand.
Den Rollstuhl von Stella stelle ich an die Kitahauswand. Ich verabschiede mich von Stella und Wünsche ihr einen schönen Tag.
Stella reagiert nicht, aber das ist bei ihr normal.

Mila zieht mich in Richtung Ausgang und ich gebe nach, denn wir haben noch so viel zu erledigen.

Ich putze, koche, wasche und bewirtschafte nebenbei noch Mila.
Während mein Mann hart arbeiten geht.

Dann kommt plötzlich ein Anruf von der Kita.

Ich frage mich warum mich die Kita anruft (ich kann es mir aber schon denken ..)
Mein Herz rast und plötzlich ist mir übel.
Als ich dran gehe, höre ich am anderen Ende die Kita Leiterin sagen, dass Stella wieder einen Anfall hatte und sie nun mit dem
Notarzt ins Krankenhaus gebracht wird.
Mein Herz bleibt kurz stehen, dann nach einigen Millisekunden schlägt es
Weiter , nur sehr viel schneller. Ich versuche nicht zu weinen und den Kloß herunter zu schlucken. Dann sage ich,

dass ich ins KH fahre und ich Bescheid gebe, wenn ich näheres weiß ...

Mila muss wieder zurückstecken, denn ich wollte gerade mit ihr auf den Spielplatz.
Doch das muss nun nach hintenangestellt werden.
Ich packe Klamotten für Stella. Für wie lange Stella diesmal im KH bleiben wird weiß ich nicht. Ich packe erstmal für eine Woche während ich mit den Tränen kämpfen muss und Mila mault.

Am Krankenhaus angekommen sehe ich Stella schlafend in einem normal großen Bett an Verschiedenen Schläuchen und Geräten angeschlossen.
Ich muss den Schwestern erstmal erklären, dass sie ein Babygitter Bett braucht, da Stella sonst raus fällt. Die Schwester verspricht mir, nachdem ich ihr Stellas Behinderung erklärt habe, eins zu besorgen und verschwindet wieder.
Dann widme ich mich wieder Stella.
Sie atmet ruhig. Ich weiß nicht ob sie schläft oder die Medikamente so stark sind, dass sie die Augen nicht aufbekommt.
Sie sieht so friedlich aus und wenn man nicht wüsste, dass sie Schwerstbehindert ist, dann würde man es ihr nicht ansehen.
Stella schläft fast 4 Tage. Manchmal macht sie für ein paar Minuten die Augen auf und schaut leer an die Decke. Dann macht sie die Augen wieder zu und schläft wieder eine

Weile.
Am 5. Tag dürfen wir ein bisschen mit ihr raus gehen. Wir setzen sie in einen Buggy vom Krankenhaus obwohl sie kaum Kraft hat ihren Kopf zu halten.
Am Abend füttern wir Stella einen Fruchtzwerg und sind froh, dass sie wieder etwas isst. Denn ihre Zunge war schon ganz weiß fleckig und trocken. Doch wir merken, dass sie wieder die linke Körperhälfte nicht mitbenutzt. Sie ist wieder halb gelähmt.
Nichts neues. Das hatte sie schon einmal nach einem Anfall. Der war aber noch etwas krasser (sie musste mehrere Stunden künstlich beatmet werden, da sie es selbst nicht mehr geschafft hat...)
Diesmal reicht ein Schlauch für Sauerstoff und ein Tropf mit Mineralien.

Nach ein paar Tagen sind wir wieder zu Hause und sie muss wieder lernen ihre linke Seite zu benutzen. Dieses Mal geht es etwas schneller wieder zurück. Nur beim Lachen, sieht man noch eine leichte Lähmungserscheinung. Denn nur der rechte Mundwinkel geht nach oben. Aber Stella ist trotzdem glücklich, denn sie weiß nicht, dass sie krank ist. Sie weiß nicht, dass sie das alle 4 Wochen hat. Sie weiß es einfach nicht.
Ich schon. Und ich wünschte ich wüsste es auch nicht 😥 ich wünschte ich würde mich irren...

Und ich wünschte ich könnte Mila die Aufmerksamkeit

schenken, die sie verdient.

Doch sie muss früh lernen zurückzustecken.

Die Wohnung, in der wir wohnen, ist alles andere als behindertengerecht.

Zu wenig Platz für das Pflegebett und den Therapiestuhl. Den Rollstuhl lasse ich oft im Auto, da wir dann überhaupt keinen Platz zum Laufen in der Wohnung hätten. Das Bad hat auch eine kleine Stufe.
Aber so oder so, muss ich Stella tragen.
Ich weiß nur nicht, wie lange ich das noch schaffe.
Die Stufen vor der Haustür und im Flur sind auch jeden Tag eine Hürde für mich.

Wenn ich Stella in die Kita fahre, dann setze ich manchmal erst die kleine Mila ins Auto oder vor die Tür , während Stella in der Wohnung wartet. Dann lasse ich die kleine Mila allein im Auto sitzen, um
Stella aus dem Bett zu holen und anzuziehen. Dann erst kann ich sie zum Auto nach draußen tragen ... Oder ich bringe erst Stella raus und dann Mila. So oder so. Beides gleichzeitig geht nicht.

Ich setze mich dann ans Steuer und atme kurz durch. Ich bin völlig durchgeschwitzt und kaputt dabei hat der Tag nicht einmal richtig angefangen ...

Doch ich mache weiter. Denn Stella und Mila brauchen mich. Ich darf nicht schlapp machen.
An der Kita dasselbe Spiel, nur umgekehrt.
Genauso wie beim
Abholen am Nachmittag und später auch wieder der Weg zurück in die Wohnung.
Hoch und runter, rein und raus. Jeden Tag aufs Neue eine Wahnsinns Überwindung morgens überhaupt aufzustehen.

Jetzt komme ich zu dem Punkt, weshalb ich das alles überhaupt schreibe.

Wir brauchen für Stella DRINGEND ein Haus, dass behindertengerecht und barrierefrei gebaut ist. Egal ob es neu gebaut wird oder ob es schon vorhanden ist, ist egal. Zur Miete oder wir kaufen es.

Man sagte uns von verschiedenen Wohnungsbau Genossenschaften, dass es bei uns in der Nähe keine geeignete Wohnung oder Haus gäbe.

Und nun? Was machen wir jetzt?
Unser Mietshaus einfach eine halbe Treppe tiefer setzen?
Unterstützung konnten wir bis jetzt von keiner einzigen Behörde verzeichnen.

Weder Hilfe bei der Wohnungssuche noch beim Fahrdienst.

Sollen wir dann einfach ein Haus selbst bauen?

Doch wir wissen nicht, wie wir das alles finanzieren sollen. Wir sind einfach hilflos ...

Vielleicht schafft ihr es ja , meinen Beitrag so oft zu teilen , dass Zeitungen oder andere Medien auf uns aufmerksam werden und uns helfen können.

Ich wünschte es gäbe einfachere Möglichkeiten, um es für uns alle leichter zu machen.
Nur leider stellen sich Behörden oft in den Weg.

Warum hilft uns niemand? Warum gibt es keine behindertengerechten Wohnräume für uns oder andere behinderte Menschen?

Wieso muss das alles so kompliziert sein und wie soll ich das ganze System der Bürokratie verstehen, wenn ich doch so schon genug ausgelastet bin mit Stella.
Tausend Anträge. Ablehnungen, Widersprüche, Begutachtungen, Charité Termine und Tabletten Einstellungen.
Nebenbei noch die kleine Mila und meine Ehe...

Wieso werden Familien mit behinderten Kindern so wenig gestützt? Geschweige denn beraten.

Es liegt an euch!
Ich möchte an die Öffentlichkeit gehen. Und schaffe es nur mit eurer Hilfe.

Ich würde mich wahnsinnig freuen, wenn ihr meinen Beitrag teilt!! (Oder es auf die Seiten der Medien teilt)

Egal von wo ihr kommt, wichtig ist dass es viel geteilt wird, damit es so viele Leute wie möglich sehen, die uns helfen können!

Vielen vielen Dank !

Jennifer & Familie

Dieser Beitrag wurde 137.269-mal geteilt

Das ging alles so schnell. Von einen auf den anderen Tag war mein Facebook Postkasten voll mit Nachrichten. Im Sekunden Takt habe ich Wohnungsangebote zugeschickt bekommen.

Wenige Wochen später lies ich eine Petition für den Fahrdienst unterschreiben:

Wir fordern die Kostenübernahme für den Fahrdienst für die kleine Stella!

Frau Hänsel (23) hat eine 4-jährige schwerbehinderte Tochter. Die kleine Stella besucht einen integrativen Kindergarten. Sie besucht Ihre KiTa sehr gerne und fühlt sich dort sehr wohl.

Mutter Jennifer hat auch noch ein zweites Kind welches bald 1 Jahr alt wird. Jeden Morgen muss die junge Mutter beide

Kinder ankleiden und allein zum Kindergarten bringen. Beide Kinder muss Mutter Jennifer einzeln bis zu Ihrem Auto tragen.

Mit einem Fahrdienst, welcher die 4-jährige Stella zum Kindergarten fährt und sie nach dem Kindergarten wieder nach Hause fährt, würde die 23-jährige Mutter sehr entlasten.

Ein Antrag auf Übernahme der Kosten für den Fahrdienst wurde durch das Sozialamt der Stadt Strausberg abgelehnt!

Wir bitten um Ihre Hilfe, damit das Sozialamt einer Kostenübernahme für den Transportservice der kleinen Stella zum Kindergarten und nach Hause zurück zustimmt und die Kosten trägt.

Vielen Dank für jede Unterschrift und jegliche Form der Unterstützung!

Vielen Dank für Ihre Unterstützung

61.332 Unterstützende haben diese Petition unterschrieben

Es gab fast 8.000 Kommentare dazu. Alle positiv und unterstützend.

Motiviert und mit mehr Mut bin ich die Woche darauf gemeinsam mit meiner Mama, Stella und Mila zum Sozialamt gefahren. Wir haben uns persönlich vorgestellt und die Situation erneut geschildert. Er erkannte mich von Facebook und war direkt unfreundlich und hat das Problem nicht erkannt.

Mit meiner Petition könnte ich mir „den Hintern abwischen“, wurde mir dann ins Gesicht gesagt. Es zähle nicht und es interessiere sie nicht. Wir wohnen in einem Ort mit der Kita und damit hatte es sich. Der erneute Widerspruch, auf die Ablehnung des Fahrdienstes, wurde somit nochmal abgelehnt.

Doch die fleißigen Unterstützer teilten meinen Beitrag weiterhin auf der Seite des sat.1 Frühstücksfernsehens.

Diese wurden dann nach einer Woche auf uns aufmerksam und schrieben am 15.09.2016 auf ihrer Facebook Seite:

Liebe FFS-Community,

diese Geschichte bewegt nicht nur unsere Redaktion, sondern tausende Menschen im Netz.

Gerne würden wir mit der Mutter Jennifer Hänsel reden. Leider haben wir sie bisher nicht erreichen können. Wir würden uns deshalb sehr freuen, wenn Jennifer sich selbst oder jemand, der sie kennt bei uns mit den Kontakt Daten meldet. Mail an: XXX

Vielen Dank im Namen der ganzen FFS-Redaktion

Das war nun der Anfang des Ganzen.

Ungefähr zwei Wochen später kam ein komplettes Kamerateam zu uns nach Hause und filmte uns einen kompletten Tag lang. Natürlich schnitten sie dann für die Sendung nur die traurigen und tränenreichen Sachen mit rein. Am Ende faselte ich noch was von Gott und im Anschluss wurde Werbung für Biebel.tv geschaltet.

Gut, mein Bild wurde dadurch etwas verzehrt, aber das Ganze hatte etwas gebracht. Aufmerksamkeit.

Die Kita wurde verständnisvoller. Die Menschen in meiner Umgebung hatten mehr Verständnis. Gut, das Sozialamt war immer noch uneinsichtig, doch das wurde mir immer egaler.

Denn es meldete sich kurze zeit darauf ein Pflegedienst aus dem Nachbarort.

Dieser Pflegedienst rettete uns aus dieser misslichen Lage und wollte sich unser annehmen.

Bis kurz vor Stellas Schuldeintritt, kümmerten sie sich tagsüber als Kitabegleitung um Stella, überwachten ihre Vitalwerte und konnten schnell handeln, sobald Stella wieder einen Anfall bekam.

„Was bedeutet es überhaupt „Stark“ zu sein? Niemals aufzugeben oder es zu schaffen, dass niemand merkt, wie kaputt man eigentlich ist?“

Unbekannt

Die Einschulung

Im Jahre 2018 sollte Stella, wie jedes andere Kind in ihrem Alter, eingeschult werden. Lange Zeit, habe ich vergessen oder auch verdrängt, dass Stella irgendwann nicht mehr in die Kita gehen wird. Für mich wird Stella immer das kleine Kind bleiben, egal wie groß sie wird. Und wieder einmal war ich ziemlich unwissend, wie das denn jetzt alles so ablaufen müsste.

Es klingelte mein Handy. Eine Nummer aus unserem Ort, doch ich kannte sie nicht.

„Frau Hänsel?! Schön, dass ich sie spreche, warum waren sie denn noch nicht in unserer Schule und haben ihr Kind angemeldet?"

„In ihrer Schule? Welche Schule sind sie denn?"

„Na ich bin die Sekretärin der Grundschule in ihrem Einzugsgebiet. Ihre Kita hatte uns noch nichts zugeschickt, aber die Stadt gab uns die Liste aller, im Juli 6 Jahre alt werdenden, Kinder. Wir hatten bisher nichts von Ihnen gehört, deshalb wollte ich mich mal erkundigen, was da los ist."

„Oh, ähm, ich weiß nicht. Wie läuft das denn jetzt ab? Was muss ich denn machen?"

„Na, sie müssen doch ein Schreiben der Stadt bekommen haben. Und normalerweise meldet sich die Kita sowohl bei uns, als auch bei ihnen, dass ihr Kind dieses Jahr in die Schule kommen soll."

„Das ist wirklich seltsam. Wir haben ja erst Januar, vielleicht haben sie es vergessen. Für mich ist das jetzt auch alles erst neu und ich wusste nicht genau, wie der Ablauf ist. Danke für den Anruf, ich kümmere mich darum. Tschüss!"

Ich suchte schnellst möglichst das Gespräch mit der Kitaleitung. Auch hier zeigte sich leider wieder, dass eine Integrationskita nicht immer ihren „Integrations-" Namen verdient hat.

Nicht nur einmal rieten wir aneinander. Stella ging seit 2015 in diese Integrationskita. Anfangs konnten sie es gar nicht schnell genug haben, dass wir dort hinkommen, denn es gibt für ein so genanntes „I-Kind" mehr Geld.

Für ein Integrationskind bekommen die Träger im Durchschnitt zwischen 800€-2500€ mehr.

***Tinkahexse schrieb auf Rehakids.de* folgendes:**

„Ich arbeite selbst als I-Erzieherin. Die Gelder für die Kinder kriegen wir natürlich nicht in die Hand.
Aber wir besorgen damit Fachliteratur über das entsprechende Thema, schaffen Spielzeug, Materialien und Therapiemittel für diese Kinder an.
Es gibt eine klare Stellenbeschreibung über die Aufgaben von Facherziehern, die mein Träger auch noch um einige Punkte erweitert hat.
An die hat man sich zu halten, dazu gehören Berichte

schreiben, REGELMÄßIGE Elterngespräche, Therapeuten-Gespräche, Teilnahme an externen Therapien (um Inhalte in der Kita weiter zu führen), Helferkonferenzen und ganz oben natürlich: Kleingruppenarbeit, Einzelarbeit und Alltagsbegleitung für Dein Kind. Dafür haben die Kinder einen höheren Personalschlüssel, dafür hat man dann weniger Kinder in der Gruppe / Abteilung, damit diese Dinge leistbar sind...“

Die Kita ermutigte mich damals, für Stella eine höhere Pflegestufe zu beantragen, damit sie einen besseren Erzieher-Schlüssel hätten.

Doch hatten sie Erzieher eingestellt? Nein!

Hatten sie besondere Lektüre oder Spielsachen gekauft? Fehlanzeige!

Stattdessen wurde an meiner Erziehung direkt schon am ersten Tag der Eingewöhnung rumgenörgelt.

Ich müsse meinem Kind sagen, wenn ich mich auf die Bank setze, meinten sie zu mir. Ich erklärte ihnen freundlich, dass Stella das nicht verstehen würde, da Stella nur einzelne bestimmte Worte verarbeiten kann und deshalb komplexe Sätze sich bei ihr dann nur als chinesisch rückwärts anhören.

„Doch doch, Frau Hänsel, sie versteht das. Das können Sie mir glauben.“, wurde mir nur entgegnet.

Ich wurde innerlich sowohl wütend, gleichzeitig auch traurig, dass man mich nicht ernst nahm in manchen Dingen.

Denen muss doch eigentlich klar gewesen sein, dass ich mein Kind damals schon seit 4 Jahren kannte und ganz genau wusste, wie man mit ihr umgehen musste.

Und dass sie nach einem Tag nicht wissen konnten, wie Stella so tickte?!

Nach einigen Wochen mussten die Erzieher eingestehen, dass ich Recht behielt und es nichts brachte, wenn man Stella mit komplexen Sätzen volllöffeln würde. Nur einfache Sätze und sogenannte „Stichworte“ brachten alle viel weiter.

Statt: “*Hey Stella, geh dir mal jetzt deine Hausschuhe anziehen, damit du dann in den Räumen spielen kannst.*“, reichte es, wenn man erstmal sagte: „*Stella, zieh dir bitte die Hausschuhe an!*“

Wäre ich dort eine Erzieherin und die Mama eines besonderen Kindes erzählt mir von deren Besonderheiten. Wäre ich dann so dreist gewesen und hätte behauptet, ich wisse es besser?

Ich lasse das einfach mal so stehen und komme zurück zum eigentlichen Thema.

Dadurch, dass Stella für die Kita eine Art Einnahmequelle darstellte, haben sie einfach über meinen Kopf hinweg entscheiden wollen, dass Stella zurückgesetzt werden sollte, um ein weiteres Jahr in der Kita zu bleiben.

Dies ließ ich natürlich nicht zu.

Ich habe nach vielen Gesprächen meine Meinung dargelegt und sie in Kenntnis gesetzt, dass Stella definitiv in die Schule gehen wird, denn ich wäre ihre Mutter und niemand anderes könnte das entscheiden.

Es wurde die normalen Einschulungsuntersuchungen gemacht, bei denen, welch ein Wunder, festgestellt wurde, dass Stella nicht auf eine normale Schule gehen kann, da sie sowohl geistig als auch körperlich nicht dazu in der Lage wäre.

Ich hatte ein Vorstellungsgespräch bei der Schulleitung einer besonderen Schule und setzte alle nötigen Behörden davon in Kenntnis, dass Stella dort hingehen wird nach den Sommerferien. Es war sozusagen alles unter Dach und Fach.

Einige Wochen vor der Einschulung jedoch riefen mich plötzlich die Leiterinnen der Pflege an.

Die Schwestern hatten festgestellt, dass Stella in den vergangenen 6 Monaten, in ihren Diensten, keinen epileptischen Anfall mehr hatte und sie somit der Krankenkasse gegenüber nicht mehr rechtfertigen konnten, dass sie eine intensive Betreuung benötigte.

Doch Stella hatte ja trotzdem Anfälle, nur eben nicht während der Kita Zeit, sondern dann entweder am Morgen oder am Nachmittag unter meiner Aufsicht. Somit wurde ihr kurzfristig innerhalb eines Monats die Pflege gekündigt.

Ich stand nun da und wusste nicht, was ich machen sollte.

Im August 2018 sollte Stella in eine Schule für geistig und körperbehinderte Kinder gehen.

Doch im September 2018 sollte auch für mich ein neuer Lebensabschnitt beginnen. Ich hatte eine Zusage für eine Ausbildung zur Kauffrau für Büromanagement in einer großen Berliner Firma.

Für mich war organisatorisch alles soweit geklärt und ich machte mir eigentlich keine Sorgen mehr um die Zukunft. Für mich sollte das ein Neubeginn sein.

Nun stand aber (mal wieder) alles auf der Kippe. Denn ohne eine Betreuung in der Schule, würde diese sie nicht „nehmen".

Dass Stella eine permanente Betreuung brauchte, war uns allen klar und deshalb wollte ich mich (mal wieder) von einer Beratungsstelle beraten lassen, welche ehrenamtlich betrieben wurde.

Damals sollte ich beraten werden und bekam nur schnippige Antworten. Auch an diesem Tag, sollte es nicht anders werden.

Gemeinsamt mit meiner Mama fuhr ich, mit einem mulmigen Gefühl in meinem Bauch, zu dieser berüchtigten Beratungsstelle.

Doch ich wollte dem Ganzen noch eine weitere Chance geben und gab noch nicht auf.

*Klopf, Klopf *

Stille

*Klopf, Klopf, Klopf *

Wieder Stille.

Eine Tür ein paar Meter weiter öffnete sich und ein Kopf eines Herren mittleren Alters lugte hervor.

„Hallo, kann ich Ihnen helfen?“, fragte der Mann mit dem leicht angegrauten Haar.

„Na, ich hoffe mal!“, erwiderte ich mit eine grinsen. „Ich suche die Frau Soundso, sie ist wohl zuständig für die Beratung Angehöriger von behinderten Menschen?“

„Ach, die Frau Soundso suchen Sie? Ja, die hat gerade Mittagspause. Ich sage ihr bescheid, dass Sie hier auf sie warten, in Ordnung?“, sagte er und biss danach in seinen Apfel.

„Danke sehr und guten Appetit!“

„Jo, danke“, antwortete der nette Mann, während er ein paar Apfelstückchen dabei aus seinem Mund verlor.

Während wir warteten, sah ich mich in dem Flur ein wenig um.

Viele Flyer mit glücklichen Familien und dazu solche Slogans, wie: „Für die Familie“ oder auch „Gemeinsam schaffen wir das!“ schmückten die Regale.

Ich nahm eins heraus.

„Urlaub fürs Kind“, hieß es. Ein Angebot für Familien mit behinderten Kindern. Einmal im Jahr in den Sommerferien, könnte man sein Kind in den Urlaub schicken. Hier in der nähe irgendwo in einem Ferienhaus mit Betreuern und allem Drum und Dran.

Wow, großartig, sowas könnte ich echt mal gebrauchen!

Ich las weiter. 800€ für 2 Wochen? Wütend schlug ich den Flyer wieder zu und steckte ihn zurück zu den anderen. Mir konnte gerade noch ein: „Pff“ entweichen, als Frau Soundso von ihrer Pause zurückkehrte.

„Sind Sie die Frau Hänsel und die Frau…?!“, fragte sie. „Ich bin die Frau K., die Oma der Stella, um die es geht.“

„Na kommen Sie erstmal in mein Büro.“

Wir setzten uns in das mit etlichen Ordnern und Flyern vollgestellte Büro. Meine Mama und ich waren noch ganz euphorisch und plapperten direkt, los, worum es ging.

„Okay Frau Hänsel, aber warum genau brauchen sie jetzt eine Betreuung für das Kind? Und warum einen Fahrdienst? Können sie das Kind nicht selbst fahren?“

Ich fühlte mich um 2 Jahre zurückversetzt, als es schon einmal um den Fahrdienst ging.

Ich leierte die alten Argumente runter, nur mit einigen zusätzlichen und veränderten Situationen.

„Es ist einfach nicht möglich am morgen erst Stella in die Schule zu bringen und danach mein zweites Kind in die Kita zu bringen, 8 Stunden zu arbeiten, um dann beide Kinder wieder abzuholen.

Stella geht ja maximal 4 Stunden in die Schule. Einen Hort gibt es nur dienstags und donnerstags, allerdings nur bis 14 Uhr.

Ich fange ja ab September meine neue Ausbildung an und ich muss da mindestens 6 Stunden anwesend sein, wenn ich in Teilzeit arbeite sollte, ansonsten 8 Stunden Vollzeit. Somit wäre ich 10 Stunden unterwegs.

Aber so oder so braucht Stella ja trotzdem eine Betreuung, die sich auch um ihre Bedürfnisse kümmert. Windeln wechseln, Hilfe beim Trinken und Essen braucht sie ja auch und zusätzlich noch ihre Epilepsie, die im Notfall betreut werden muss.

Dafür sind ja nicht die Lehrer zuständig, sondern eben diese Einzelfallhelfer, die ich ja hier beantragen möchte.“, sagte ich.

Die Beraterin schaute mich missbilligend an.

„Also eine Lehrerin könnte das im Notfall auch machen. Oder sie können einen Pflegedienst beauftragen, der alle 2 Stunden die Windeln ihrer Tochter wechselt, dafür braucht sie keine ganztägige Betreuung. Und außerdem ist eine Betreuung nachmittags nicht angedacht dafür gibt es ja einen Hort. Ja gut, der ist nur dienstags und donnerstags aber Sie haben sich doch Kinder angeschafft und sich das so ausgesucht“

Ich war perplex über solch eine Aussage. Mein Herz schlug plötzlich bis zum Hals.

„Ich habe mir das so ausgesucht?! Dass ich ein bedürftiges Kind habe, dass nicht allein zur Schule gehen kann und welches auf fremde Hilfe (und das ein Leben lang) angewiesen ist und auch immer wird, habe ich mir also ausgesucht? Nicht ihr Ernst jetzt, oder? Und was ist, wenn ihr von dem Pflegedienst dann die Windel gewechselt wurde und dann macht Stella einen Haufen, nachdem der Pflegedienst wieder weg ist?!“ Ich lächelte nicht mehr, das war mir dann vergangen.

„Ja, dann muss sie eben 2 Stunden warten, bis der Pflegedienst wieder da ist!“ antwortete sie ohne Emotionen.

„Sie wollen mir doch gerade nicht ernsthaft erzählen, dass ich es hinnehmen muss, wenn mein Kind vermutlich 2 verdammte Stunden in der Scheiße sitzen muss?“ Meine Stimme wurde etwas lauter und durch meine Wut vibrierte sie etwas.

„Doch, ich habe jahrelang in der Pflege gearbeitet, wenn sie wüssten, was da abgeht. Das ist völlig normal.“

Mir schossen die Tränen in den Augen. Ich verstand nicht, wie man so über Menschen reden konnte.

„Wie würden sie denn reagieren, wenn es ihr eigenes Kind wäre?“ platzte es aus mir heraus. „Würden sie auch ihr eigenes Kind in der Scheiße sitzen lassen?“ rief ich noch und verließ dabei wutentbrannt das Büro.

Meine Mama versuchte noch weiter mit dieser empathielosen Beraterin zu reden, doch merkte dann schnell, dass auch sie nicht gegen diese Frau ankam.

Diese „nette“ Frau wollte uns einfach nicht helfen, so kam es uns zumindest vor. Sie ist nicht auf mich oder auf das eigentliche Problem eingegangen.

Ich fühlte mich im Stich gelassen. Von allen. Außer meiner Familie, konnte ich niemandem wirklich trauen. Mal wieder hatte mich eine angebliche Hilfsorganisation im Stich gelassen.

Und da wundern sich die Leute noch, weshalb man depressiv wird? Meiner Meinung nach sollten Menschen, die solche sensiblen Bereiche betreuen, vor der Einstellung einen Empathie- und Sozial-Test absolvieren.

Und so rannte ich nach diesem Gespräch halb blind mit Tränen in den Augen zum Ausgang, meine Mama irgendwann hinterher. Sie nahm mich in den Arm und flüsterte leise: „Wir bekommen das schon hin mein Schatz!“

Ein paar Tage lang musste ich diesen Termin erst einmal verarbeiten.

Was hatte ich dann für Optionen, um nicht wieder die Chance auf diese tolle Ausbildung zu versauen?

Option 1:

Ich hätte Stella ganz normal in diese Schule schicken können und hätte dann so ca. 2 Stunden am Tag arbeiten können, damit ich wieder rechtzeitig zurück gewesen wäre, um Stella aus der Schule abzuholen. Doch die Ausbildung hätte ich mir dann abschminken können.

Option 2:

Ich wäre komplett zu Hause geblieben und hätte die Ausbildung abgebrochen, um mich komplett wieder nur um die Kinder kümmern zu können. Ich hätte meinen Traum, irgendwann mal wieder in das Berufsleben einsteigen zu können, ad Acta legen können. PUFF, Traum vorbei.

Option 3:

Ich hätte kämpfen können, wie damals mit dem Fahrdienst. Vielleicht hätte es irgendwann geklappt, vielleicht aber auch nicht. Doch ich hatte nur noch einen Monat, um das alles zu klären. Die Zeit arbeitete gegen uns.

Option 4:

Einmal nicht kämpfen müssen, nachgeben dürfen und auf den Bauch hören können.

7 Jahre lang war ich Hausfrau und Mutter.

7 Jahre lang hatte ich gefühlt 1000 Ablehnungen auf meine Bewerbungen. Von einem Mini-Job zum anderen hangelte ich mich durch das Leben.

Ich entschied mich für die (für mich) einzig richtige Option.

Ich entschied mich wieder dafür, Stella in eine Wochen WG für behinderte Kinder und Jugendliche zu geben.

Innerhalb der Woche würden sie sich um Stella kümmern. Die Schule dort, die der selbe Träger war, wie der von der

WG-Einrichtung, war nur wenige Meter entfernt. Sie würde keine langen Autofahrten mehr hinter sich bringen müssen und würde eben von Montag bis Freitag dort wohnen.

Am Wochenende wäre sie dann wieder bei uns zu Hause. Dort in dieser Schule bekäme sie auch einen Einzelfallhelfer ohne Wenn und Aber, denn dort waren andere Mitarbeiter dafür zuständig.

Dass diese Entscheidung (mal wieder) nicht einfach für mich war, könnt ihr euch vermutlich vorstellen, doch ich stand dieses Mal viel mehr dahinter, als beim ersten Mal.

Es war einfach zu viel für uns. Sich das einzugestehen, war wirklich schwer.

Gerade der Familie und auch Freunden und Bekannten gegenüber, war es schwer zu erzählen. Dafür nahm uns diese Entscheidung eine große Last von den Schultern und wir konnten dadurch wieder positiv in die Zukunft blicken.

Gesagt. Getan. Es wurde super schnell alles in die Wege geleitet. Die Leiterin und Erzieherinnen kannten uns natürlich noch von damals und freuten sich, uns wieder zu sehen.

Zuerst zog Stella im Juli 2018 zur Eingewöhnung in ihre WG. Sofort erinnerte sie sich an die Umgebung und einige Kinder von damals erkannten sie auch wieder. Man spürte, dass sie sich auch dort wieder wie zu Hause fühlte und auch nur deshalb konnte ich sie dort guten Gewissens lassen und in die Hände dieser kompetenten Erzieher geben.

Im August wurde Stella dann feierlich in ihre neue Schule eingeschult. Mit Musik und kleinen Vorträgen, lernte Stella dann ihre neue Klasse kennen. Im Anschluss konnten wir uns noch ihre Schule von innen anschauen und am Ende gab es Essen, Trinken und eine Menge Spaß auf dem Schulhof.

In dem Jahr 2018 sah Stella jedoch diese Schule dann nicht mehr von innen, denn es kam ihr mal wieder etwas in den Weg, dass wir schon fast totgeglaubt hatten.

Ihre Epilepsie.

„Wenn du etwas erleben willst,

was du noch nie erlebt hast, musst du etwas tun,

was du noch nie getan hast“

Unbekannt

Gewitter im Kopf

13.10.2018 – Facebook Eintrag von Jennifer Hänsel

Hallo ihr lieben,

Lange lange hab ich mich mal wieder nicht gemeldet. dies hatte leider weniger erfreuliche Gründe.

Stella ging es in den letzten Wochen leider gar nicht gut. Sie ist vor fast 4 Wochen ins Krankenhaus gekommen, aufgrund eines Anfalls.

Im Laufe der ersten Woche hatte sie auch im KH nochmals Anfälle, fast jeden Tag.

Sie war nicht mehr die alte „Stella“ so wie man sie kannte, vielmehr war nur ihr Körper anwesend. Geistig war sie nicht anwesend und starrte nur an die Decke. Sie reagierte auf nichts und wimmerte viel.

Auch war wieder ihre linke Körperseite gelähmt. Jetzt erst kann sie langsam und schwerfällig ihren linken Arm wieder ein bisschen bewegen.

Erst jetzt nach vier Wochen kann ich sagen, dass sie sich wieder auf dem Weg der Besserung befindet. Sie hat leider immer noch eine Magensonde, weil sie das Essen und Trinken strikt ablehnt …

Ich war vorher leider mental nicht in der Lage, so über sie zu schreiben und auch wie sie aussah.

Schon wenn ich darüber nachdenke könnte ich wieder weinen.

Wahrscheinlich wurde mir der Stress in dieser Woche sogar selbst zu viel, weshalb ich diesen Montagnachmittag in meiner Berufsschule selbst einen Anfall bekam.

Aber ich möchte nur über das positive schreiben, denn es geht aufwärts ...

Sie befindet sich jetzt in einer Reha, wo ihr alles wieder von vorne beigebracht wird .. das krabbeln, das Essen, das Trinken etc.

Es liegt also eine Menge Arbeit vor ihr.

Aber ich bin zuversichtlich, dass sie das schafft.
Und in genau 7 Tagen feiern wir dort ihren 7. Geburtstag.

Bis bald
Mama Jenna

04.01.2019 - Facebook

BYE 2018 und Willkommen 2019!! 👏🎉😊🍀
Auf dass das neue Jahr besser werden soll!

Ihr wisst ja, dass Stella seit September in der Reha ist ..
Leider ist sie noch immer da, höchstwahrscheinlich sogar noch bis Februar ...

Wir mussten dort ihren Geburtstag feiern und auch Weihnachten.

Mir fällt es sehr sehr schwer darüber zu schreiben ... einfach, weil mich das alles sehr traurig macht. Ich weine und ich merke, dass mir so langsam alles zu viel wird ...

Stella hatte eine OP und hat einen künstlichen Mageneingang (PEG) bekommen .. erst als Magensonde über die Nase, mittlerweile hat sie eine Art „Knopf" an ihrem Bauch, worüber sie ihr trinken erhält.

Stella kann nicht mehr am Rollator gehen, sie kann nicht mehr eigenständig irgendwo hin robben, nicht mehr alleine essen und überhaupt nicht mehr trinken .. das alles hat Stella durch ihren Anfall verlernt bzw. sind ihre Muskeln zu schwach ...

Und auch mich selbst hat es mittlerweile umgehauen .. ich hatte zum ersten Mal in meinem Leben ebenfalls einen epileptischen Anfall und kann mir nur für einen Bruchteil vorstellen, wie sich Stella immer fühlen musste .. der Kontrollverlust ... das Gefühl zu sterben und hinterher die Peinlichkeit, besonders wenn andere es gesehen haben.
Ich habe dadurch eine Panik entwickelt, weshalb ich mich kaum raus traue, mit der Angst dass es jederzeit wieder passieren könnte .. ich habe jedes Mal Herzrasen, mir schnürt es den Hals zu und ich habe Angst in Ohnmacht zu fallen und fühle mich dem Tod sehr nahe ... ich selbst werde deshalb auch in Behandlung gehen müssen ..

Das sind alles so viele Faktoren, die dazu geführt haben, dass ich mich verschlossen habe und nicht mehr hier rein geschrieben habe ..

Meine Situation und auch die von Stella ist mir schlichtweg zu viel .. auch ich bin nun an meine Grenze angelangt und ich

hoffe ich habt Verständnis dafür!
Danke dass ihr alle noch da seid und euch erkundigt habt! Ich hab euch alle so furchtbar gern! Danke! ❤

Wie ich mich zu dieser Zeit gefühlt habe, weiß ich noch ganz genau und es steckt mir noch immer fest in den Knochen. Ich kann darüber nur schwer reden, geschweige denn darüber schreiben, denn bis heute geht es mir mit dem Thema überhaupt nicht gut.

Mehrmals habe ich nun versucht darüber zu schreiben. Doch ich merke, dass ich dazu einfach noch nicht bereit bin. Deshalb möchte ich mittendrin einsteigen, zu dem Tag, an dem ich meine Panikattacken bekam.

Stella war im Oktober 2018 schon ungefähr 4 Wochen im Krankenhaus, nach ihrem Anfall. Im September fing ich meine Ausbildung an. Also genau zum Start meiner Ausbildung, erhielt ich die Nachricht, dass Stella in das Krankenhaus gebracht wurde.

Natürlich fuhr ich direkt hin und blieb über Nacht dort. In den darauffolgenden Tagen regelte ich es so, dass ich Tagsüber entweder bei der Arbeit oder in der Berufsschule war und am Nachmittag/ Abend und Nachts blieb ich bei Stella. Dort lernte ich neben ihr für meine Tests und konnte trotzdem für sie da sein. Alle paar Tage machte ich noch einen Abstecher nach Hause, um für mich und für Stella neue Klamotten zu holen.

Ich sah meinen Mann Pascal und Mila nur sehr selten. Dies zehrte an mir. Ich spürte, wie ich immer mehr meine Kraft verlor.

Aber es ging ja aufwärts und deshalb gab ich nicht auf.

Eines Tages stand ich mit meinen Kollegen auf dem Berufsschulen-Hof zur Pause. Plötzlich und ohne jeglichen Grund liefen mir die Tränen ins Gesicht. Die anderen Leute unterhielten sich gerade über lustige YouTube Videos, doch ich hatte nur Stella im Kopf.

Ich sah nichts mehr und nahm mir unauffällig ein Taschentuch aus meinem Rucksack. Ich wischte mir die Tränen schnell weg und wartete, dass wir wieder gemeinsam rein gehen konnten.

An diesem Tag fand gerade in der Berufsschule für alle Freiwilligen die Blutspende statt. Als meine Klasse nach oben in den Klassenraum wollte, sah ich dort die ersten Freiwilligen im Flur stehen und sitzen.

Ich sah rüber zu der Anmeldung. Wenn man ein Formular ausgefüllt hatte, dann wurde den Leuten in den Finger gepikst und auf Blutzucker getestet. Ich setzte mich auf einen der Stühle zum warten und schaute den Mitarbeitern bei ihrer Arbeit zu.

Plötzlich ging eine der Türen dort auf und man konnte einen kurzen Blick zu den Spendern werfen.

Wie ein Blitz traf mich der Gedanke, dass Stella gerade im Krankenhaus liegt. Ich sagte noch zu meiner

Klassenkameradin, die sich gerade neben mich gesetzt hatte: „Du… ich glaube … mir wird gerade ganz komisch…"

Fuck, was ist hier los. Wer bin ich?! Ich krampfte seit Minuten auf meiner linken Seite. Ich konnte mich nicht weiterbewegen. Wusste nicht, wer ich war, was passiert war und wo ich mich überhaupt befand.

Ab und zu schauten mich Leute an, andere stiegen über mich drüber. Ich musste also auf dem Boden gefallen sein.

Nach einer, für mich sehr langen Zeit, ebbte der Anfall langsam ab und wandelte sich in wimmern und weinen um.

Ich spürte, wie meine Hose nass war und fragte mich, was passiert war. Ich hatte keine Kraft mich hinzusetzen und so lag ich dann noch weitere, für mich unendliche, Minuten.

Ich hatte mir in die Hose gemacht. Das wurde mir nach und nach klar. Das erste, was ich aus meinem trockenen Mund pressen konnte, war ein leises: „Das ist mir so verdammt peinlich!"

Ich bekam von den dortigen Ersthelfern des Blutspendedienstes in meiner Berufsschule, mitten auf dem Schulflur, einen Tropf. Da lag ich also. Weinend, hilflos und mit eingepinkelter Hose.

Ich konnte mir nun ein wenig besser vorstellen, wie sich Stella all die anderen Male gefühlt haben muss, als sie krampfte. Keine Kontrolle über seinen eigenen Körper haben zu können, war für mich bisher tatsächlich das schlimmste, was ich bisher erlebt hatte.

Nach diesem Tag war nichts mehr so, wie davor. Ich hatte Panikattacken in Menschenmengen, da ich Angst hatte, das mir das dort wieder passieren könnte. Ich konnte und kann noch immer nicht über medizinische Umstände reden. Dieser Text hier ist das höchste der Gefühle.

Am Anfang konnte ich nicht mal über ein gebrochenes Bein sprechen, ohne Herzrasen zu kommen, den Tinnitus lauter zu hören und taube Hände und ein taubes Gesicht zu bekommen. Ich konnte mich manchmal nicht mal mehr bewegen oder reden, bis die Panikattacke vorüber war.

Da ich damals schon Erfahrung mit einer stationären Therapie machen konnte, wusste ich, dass es genau das war, was ich dann gebraucht hatte.

Tatsächlich hat es mir so weit geholfen, dass ich nun weiß, wie ich mich in diesen Situationen verhalten kann. Atemübungen und andere Ablenkungsspiele helfen mir noch immer, mich nach und nach an dieses jetzige Leben zu gewöhnen.

Es ist also jetzt offiziell: Ich habe einen an der Klatsche!

Es wurde nunmehr für mich immer schwerer, Stella zu besuchen. Aus dem einfachen Grunde, dass ich mich unsicher beim Autofahren fühlte, als auch beim Anblick sämtlicher Gerätschaften sich sofort meine Panik bemerkbar machte.

Zusätzlich befand sich die Rehe auch 2 Autostunden von uns entfernt.

Nur ca. alle 1-2 Wochen besuchte ich Stella in der Reha. Doch ich wusste, dass es ihr dort gut ging. Zum Glück kamen meine Oma, mein Opa, mein Mann und meine Eltern zusätzlich auch zu Stella.

So hatte sie immer jemanden dort und sie fühlte sich trotz dieser Umstände wohl.

Mich plagte anfangs das schlechte Gewissen, doch ich wusste, dass ich ihr dort auch keine große Hilfe gewesen wäre, wenn ich anwesend gewesen wäre.

So blieb mir nur das Warten auf Genesung.

„Besondere Menschen erkennst du daran, dass sie dich zum Lachen bringen können, obwohl dir gerade überhaupt nicht zum Lachen zumute ist. Diese Menschen sind unbezahlbar.“

Unbekannt

Hin und Her

Nach ca. 2 Monaten im Krankenhaus und 4 Monaten in der Reha, bekamen wir Bescheid, dass Stella nun soweit wieder austherapiert wäre und sie zurück in die Behinderteneinrichtung gehen könnte.

Wir freuten uns wahnsinnig und setzten uns sofort in Verbindung mit der Leiterin der Einrichtung.

Und ein weiteres Mal schlüpfte mir das Herz in die Hose, als man uns sagte, dass Stella in diesem Zustand ohne zusätzliche Betreuung nicht wieder zurückkommen dürfte.

Stella besaß ja nun eine PEG-Sonde. Eine Art Schlauch direkt in ihren Magen. Dies bedurfte ja nun auch Krankenschwestern, was für mich völlig nachvollziehbar war.

Ihr könnt euch nicht vorstellen, wie oft ich Rückschläge einstecken musste. Wie oft mir Steine in den Weg gelegt wurden und wie oft ich zurückgesteckt habe. Diesmal wollte ich es anders.

Es musste eine Lösung her.

Wir vereinbarten einen Termin in der Einrichtung (Behinderten WG) und besprachen, was wir für Optionen hatten.

Letztendlich hatten wir genau zwei Optionen.

Entweder brauchten wir ein Pflegeteam, welches sich 24 h um Stella kümmerte oder wir brauchten eine spezielle Pflege WG, die für solche Fälle, wie Stella ausgerichtet war.

Da uns (mal wieder) die zeit im Nacken saß und wir innerhalb von 2 Wochen kein Pflegeteam zusammenstellen konnten, wir aber etwas für Stella finden mussten, um einen nahtlosen Übergang für Stella zu schaffen, entschieden wir uns für die Pflege-Intensiv WG.

Leider befand sich die nächstmöglichste Pflege-WG in Erfurt. (wir wohnen ja im Speckgürtel von Berlin)

„UFF“ - Ich hatte Stella also knapp ein halbes Jahr kaum gesehen und nun sollte es weiter nach Erfurt gehen?

Wieder einmal musste ich mich für das Beste entscheiden und daran denken, was ich sonst für Optionen hätte.

Also taten wir das, was wir am besten konnten: Kämpfen, so dass Stella schnell wieder zurückkommen könnte und hofften, dass die Zeit dort schnell vorüber gehen würde.

Stella war nicht einen Tag in der Schule und ich stellte mir ein weiteres Mal vor, wie das ganze bei einem „gesunden“ Kind ausgesehen hätte.

Dort hätten wir definitiv mehr Probleme gehabt, denn der Druck für die Schulpflicht ist da vermutlich höher.

Stella genoss die Zeit dort in Erfurt sehr.

Klar, wir konnten natürlich nicht jede Woche 6 Autostunden auf uns nehmen, um Stella zu besuchen, aber einmal im Monat wollte ich mindestens Stella besuchen.

Die Pflegedienstleitung dort nahm sich Stella sehr an und auch die ganzen anderen Mitarbeiter dieser Pflege WG kümmerten sich liebevoll um sie.

Ich wusste, es ging Stella dort gut und so konnte sich sowohl Stella weiter erholen und genesen und auch ich hatte Zeit, all das zu verarbeiten, um dann wieder gestärkt dem ganzen wieder entgegen zu treten.

Viele Monate lang suchten wir weiterhin nach Pflegekräften, die stell dort in der Behinderten Einrichtung als 24 h Pflege unterstützen konnten, doch es klappt nicht, wie gewollt und die Zeit verstrich immer schneller.

Und nun kam wieder das altbekannte Problem: Stella war wieder für sehr lange Zeit anfallsfrei und somit hatte nun sowohl die Pflege-WG und auch das 24 h Pflegeteam keine Berechtigung mehr, sich um Stella zu kümmern und sie zu betreuen.

Ich selbst war knapp 4 Monate schon krankgeschrieben, aufgrund meiner Panikattacken und hatte schon einen Termin auf Arbeit zur Wiedereingliederung nach dem Hamburger Modell.

Ich wollte nicht wegen solcher doofen Panikattacken mein Leben und meine Zukunft versauen. Ich wollte kämpfen, so wie Stella. nun aber stand alles wieder auf dem Spiel.

In Erfurt musste sie gehen, die Einrichtung bei uns in Brandenburg aber fühlte sich ohne zusätzliches Pflegepersonal zu unsicher und wollte Stella auch nicht nehmen.

„Wo genau passt Stella denn Ihrer Meinung nach hin? Für ihre Einrichtung hier in Brandenburg ist Stella zu krank. Für die Pflege WG zu gesund. Was soll ich denn jetzt machen? Meine Ausbildung und meine Gesundheit stehen auf dem Spiel!“ platzte es mir eines Nachmittags bei einem weiteren Gespräch in der behinderten WG raus.

Nach vielen Gesprächen wurde mir wieder klar: Es ging ums Geld.

Stella hatte laut der Aussage der Leitung einen zu geringen Pflegeschlüssel, dieser könnte beim Amt erhöht werden. Was so viel bedeutet, wie: wir brauchen mehr Geld des Sozialamtes.

Zum glück half mir, wie viele Male schon zuvor, meine Mama mit etlichen Telefonaten, sodass Stella dann endlich nach vielem Hin und Her seit dem 1.August 2019 wieder in der Behinderteneinrichtung ist und ganz offiziell in der 2. Klasse zur Schule geht.

So, macht man das also Stella, wenn man ein Jahr überspringen möchte. 😉Ich verstehe.

Ich selbst konnte dadurch meine Ausbildung weiterführen und arbeite seit dem 1.07.2019 wieder in meinem Betrieb als Kauffrau für Büromanagement.

Leider muss ich das Berufs Schuljahr widerholen, weil ich einfach zu lange gefehlt habe.

doch trotz alle dem weiß ich eins ganz genau:

Das wichtigste im leben ist, dass man als Familie zusammenhält!

Denn ohne sie hätten weder Stella noch ich es zurück auf den Dampfer geschafft. Es geht weiter! Wir sind zurück im Spiel! Wir kämpfen weiter, bis die Hölle gefriert!

ENDE

(zumindest für diesen Moment, unsere Achterbahnfahrt geht natürlich weiter. In dem Geschriebenen geht es gerade einmal um 8 Jahre mit Stella und uns. Wer weiß, was uns noch alles erwarten wird?! Wir sind gespannt, denn bei uns wird es nie langweilig)

„Alle Lebewesen,

außer dem Menschen, wissen, dass der Hauptzweck des Lebens darin besteht,

es zu genießen.“

Samuel Butler

Damit auch die wichtigsten Personen, in meinem Leben, hier einmal zu Wort kommen können, habe ich meinen Mann Pascal, meine Eltern und meine beste Freundin Juli darum gebeten, mir einige Fragen zu beantworten, damit auch ihr einen kleinen Eindruck von ihnen habt.

Ohne diese Menschen und meiner gesamten Familie, würde ich nicht dort sein, wo ich gerade bin. Danke dafür! Ich liebe euch!

1. **Wer bist du? (Juli)**

Mein Name ist Juli, bin 26 Jahre alt & komme aus Strausberg. Ich bin die beste Freundin von Mama Jennifer. Wir kennen uns nun schon seit 11 Jahren. (Korrigiere mich, wenn ich falsch liege 🙈)

2. **Woher kennst du Jennifer?**

Mama Jennifer habe ich in der Oberschule kennengelernt & wir waren uns auf Anhieb sympathisch & haben uns super verstanden.

3. **Empfindest du Stella als glücklich?**

Stella ist in meinen Augen glücklich. Sie ist, so wie sie ist, groß geworden & kennt es alles nicht anders. Sie erfreut sich an den kleinsten Dingen & strahlt immer bis über beide Ohren.

4. **Wie stehst du allgemein zu behinderten Menschen? Kannst du etwas mit ihnen anfangen oder fällt dir so etwas schwer?**

Manchmal habe ich leichte Berührungsängste, weil ich manchmal nicht weiß wie genau ich mit ihnen umgehen soll. Man will ja auch nichts falsch machen. Bei Stella ist das anders. Dort habe ich keinerlei Ängste denn ich kenne sie ja schon sehr lange & weiß was sie mit sich machen lässt & was nicht. Was sie mag & was nicht.

Grundsätzlich sind aber für mich alle „behinderten" Menschen liebenswert & sie verdienen es genauso glücklich zu sein & an allem teilnehmen zu dürfen. Klar es kommt natürlich auch immer auf den Grad der Behinderung an & was sie machen können & was nicht.

5. **<u>Für welche 3 Dinge bist du in deinem Leben am dankbarsten?</u>**

Am Dankbarsten bin ich für meinen Sohn, meine Familie (Freunde zählen mit rein) & dafür das die meisten Menschen, die mir sehr am Herzen liegen gesund sind.

6. **<u>Was wünschst du Stella für die Zukunft?</u>**

Für die Zukunft wünsche ich Stella das sie wieder nach Hause zu ihrer Familie kann denn ihre Familie liebt sie abgöttisch & sie machen alles damit es ihr gut geht. Sie soll wieder mit ihrer kleinen Schwester Mila spielen können denn wie die beiden miteinander umgehen, auf ihre eigene spezielle Art & Weise, ist einfach zum knutschen. Außerdem wünsche ich mir für sie das sie in Zukunft keine Bzw keine schlimmen Anfälle mehr hat die sie jedes Mal zurückwerfen. Ich wünsche mir für sie das sie wieder alleine essen & trinken kann. Das sie wieder dazu lernt. Das wäre sehr schön.

7. **<u>Letzte Worte?</u>**

Ihr verrückten & liebevollen Hänsel's...Ich habe euch verdammt lieb & bin froh das es euch gibt. Ich bin wahnsinnig stolz auf euch wie ihr alles meistert. ❤

1. **<u>Wer bist du? (Ela)</u>**

Oma von Stella, deine Mama

2. **<u>Wie hast du die ersten Jahre mit Stella erlebt?</u>**

Zu Stella's Geburt war ich dabei, weil es dein Wunsch war und auch ich war sehr aufgeregt, weil ich natürlich das 1. mal Oma wurde. Es war eine sehr angenehme Geburt.

Alle waren sehr entspannt und somit ist auch Stella in einer sehr entspannten Atmosphäre geboren worden. Die ersten Monate waren ganz normal und wir haben uns alle an Stella erfreut. Doch mehr und mehr hab ich mich gefragt, warum sie noch nicht dies, oder das kann. Erst dachte ich, sie ist schwerhörig...dann eventuell sehbehindert. Nach und nach wurden Untersuchungen gemacht, die alles ausschlossen. In dieser Zeit war Stella trotz ihrer Defizite recht unkompliziert. Doch als der erste epileptische Anfall kam, mit knapp 2 Jahren, änderte sich mein und unser aller Leben.

3. **<u>Wie hast du die letzten Jahre von Stella erlebt?</u>**

Die letzten 2 Jahre waren für mich sehr emotional. Nicht zuletzt wegen Stella's letzten Anfall vor knapp einem Jahr.

Vor 2 Jahren ging es Stella relativ gut. Jedenfalls so gut, dass du dich dazu entschieden hast, eine Ausbildung zu beginnen und Stella in eine behindertengerechte Wohngruppe zu geben, wo sie die Woche über zur Schule gehen kann und an den Wochenenden bei der Familie ist.
Alles lief gut...einige kleine Anfälle gab es vor zwei Jahren schon, aber nie so schlimm, dass ein längerer KH Aufenthalt notwendig war.

Doch leider hatte Stella im letzten Sommer so einen schlimmen Anfall, dass ich ganz schlimme Angst hatte, dass Stella nie mehr so sein wird, wie wir sie bis dahin kannten.

Glücklich mit sich und allen um sich herum. Es zerbrach mir fast das Herz. Ich war so hilflos und konnte nur danebenstehen und zuschauen und ich hab mir nichts sehnlichster gewünscht, als, dass Stella wieder die alte Stella wird. Weil ich noch voll im Berufsleben stehe, war es mir auch nicht möglich, Stella regelmäßig zu besuchen, um ihre Genesung zu verfolgen.

Das hat mich am meisten belastet. Sie nicht bei ihrer Genesung unterstützen zu können. Als Stella nach 3 Monaten aus dem KH entlassen wurde und zur Reha kam, war sie in einem noch sehr schlechten Zustand. Das schlimmste ist einfach, dass man nicht helfen kann und nur hoffen kann, alles wird gut.

Ich habe immer gebetet... bitte Stella, sei stark... du schaffst das... du hast es doch immer geschafft...du wirst das doch jetzt auch noch schaffen. Ich hab es mir einfach immer so eingeredet. Nach und nach verbesserte sich Stella's Zustand zusehends.

Als Stella endlich wieder soweit fit war, dass sie nach Hause kommen konnte, kam der nächste Hammer.

Diesmal nicht Stella, sondern scheinbar unüberbrückbare bürokratische Hürden.
Ich habe versucht, dich und deine Familie, so gut, wie es ging, zu unterstützen, was die bürokratischen Hürden betraf.

Schlussendlich haben wir doch alle als Familie super zusammengehalten und uns gegenseitig unterstützt und uns Mut gemacht. Darauf bin ich mächtig stolz und froh, so eine tolle Familie zu haben.

4. **Ist Stella in deinen Augen glücklich?**

Stella ist in meinen Augen glücklich. Allerdings müssen schon einige Kriterien erfüllt sein. Wie da wären...

- Wasser
- Toast mit Leberwurst
- Handschuhe aller Art
- Zeit für sich
- Musik
- Bälle werfen

und einiges mehr...
Ist Stella glücklich, sind wir es auch!!!
Und umgekehrt!!!

5. **Beschreibe Stella in 5 Worten!**

- Sternenmensch
- Willensstark
- Kämpferin
- Glücklich
- Fressraupe

6. **Für welche 3 Dinge im Leben bist du persönlich dankbar?**

- Ich habe den Besten Mann, den man sich wünschen kann.
- Ich habe die Beste Tochter, die ich mir immer gewünscht habe.
- Ich habe die Beste Familie, die ich mir nicht besser erträumen hätte können. Und darüber bin ich dankbar.

7. **Was wünschst du Stella für die Zukunft?**

Ich wünsche mir nur eins...
dass Stella glücklich ist. Und ich werde alles mir mögliche tun, um ihr das zu ermöglichen.

1. **Wer bist du? (Pascal)**

Ich bin Pascal Hänsel, geb. und aufgewachsen in Berlin, Papa von 3 Kindern und dein Ehemann.

2. **Wie hast du die ersten Jahre mit Stella erlebt?**
Als ich Stella kennengelernt habe, wusste ich noch nicht auf was für eine Reise mich dieses Kind mitnehmen würde. Es ist so, wie eine unbekannte Achterbahn, bei der man nicht weiß, was als nächstes kommt. Ich bin Stella dafür sehr dankbar, denn ich glaube, hätte ich sie nicht kennenlernen dürfen, wäre ich jetzt nicht so, wie ich bin.

3. **Wie hast du die letzten Jahre von Stella erlebt?**

Die letzten 2 Jahre waren sehr ereignisreich. Viele Höhen und Tiefen haben wir erlebt.

4. **Ist Stella in deinen Augen glücklich?**

Diese Frage ist schwer zu beantworten, da Stella nicht sprechen kann, um sagen zu können: „Mama, Papa, ich bin glücklich!“ Ich selbst denke, dass sie es ist, da sie viel lacht und sich freut über alles und jeden.

5. **Beschreibe Stella in 5 Worten!**
    - Ehrgeizig
    - Fröhlich
    - Neugierig
    - Verträumt
    - Einzigartig

6. **Für welche 3 Dinge im Leben bist du persönlich dankbar?**

Als aller erstes kommt da meine Frau, also du. Dir habe ich eigentlich alles zu verdanken. Du hast mir 2 Töchter geschenkt, du hast mich geheiratet und du hältst es mit mir aus.

Dann kommt da mein Papa, dem ich sehr dankbar bin, dass er in meinem 7. Lebensjahr in mein Leben getreten ist.
Ich bin allgemein meiner Familie dankbar, dass sie uns immer unterstützt, wo sie nur kann.

7. **Was wünschst du Stella für die Zukunft?**

Ich wünsche mir für Stella, dass die Krampfanfälle für immer verschwinden. Auch hoffe ich, dass Stella immer mehr Fortschritte macht.

1. **Wer bist du? (Gunni)**

Du solltest mich doch eigentlich kennen? Ich bin dein Papa, Stellas und Milas Opa, der Mann deiner Mutter und der Lieblingsschwiegervater deines Mannes. Ein Multitalent sozusagen 🙂

2. **Wie hast du die ersten Jahre mit Stella erlebt?**

Als ich von deiner Schwangerschaft erfuhr waren meine Gedanken zunächst von Sorge geprägt. Mir war klar, dass dieses unbeschwerte Leben, das du bis dahin hattest, nun vorbei war. Trotzdem freute ich mich auf Stella. Als sie da war, war sie sofort mein Sonnenschein. So lieb und ständig am lächeln... Nach ein paar Wochen wurde immer deutlicher, dass sie schielte.

Von da an begann ich wieder mir Sorgen zu machen. Ich malte mir aus, wie sie in der Schule deswegen gehänselt werden würde. Doch die Ärzte gaben Entwarnung und meinten sowas könne später gerichtet werden.

Leider verdichteten sich nach und nach die Anzeichen, dass ihre Entwicklung nicht wie gewünscht verlief.

Ich kann mich an ein Gespräch bei uns zu Hause erinnern. Du warst völlig aufgelöst und hast bitterlich geweint. Irgendeine Ärztin hatte von Stellas Behinderung gesprochen. Du warst völlig außer dir und meintest. "Stella ist doch nicht behindert! Sie ist entwicklungsverzögert"
Ich hatte einen Kloss im Hals und konnte nichts dazu sagen obwohl mir zu diesem Zeitpunkt schon klar war, dass sie genau das war: Behindert!
An diesem Strohhalm "Entwicklungsverzögerung" hattest du dich noch festgehalten. Den Floh hatten dir die Ärzte ins Ohr gesetzt. Auch weil sie bis heute keine vernünftige Diagnose liefern konnten.

Eine Entwicklungsverzögerung impliziert "Hey wir machen ein bisschen Physiotherapie ein wenig Ergotherapie und vielleicht etwas Logopädie dann wird das schon. Aber so war das bei Stella eben nicht.

Ich habe lange auf eine Diagnose der Ärzte gehofft. Ich glaubte dann könnte man auch entsprechende Schritte einleiten, wenn man nur genau wüsste wo man ansetzen muss.

Heute weiß ich, dass es keine Rolle spielt ob sie nun das Angelman Syndrom hat oder SYNGAP1 oder irgendwas anderes. Es spielt für die Ärzte keine Rolle, weil es sowieso keine "Heilung" gibt. Es spielt auch für Stella keine Rolle, weil sie gar nicht weiß, dass sie behindert ist. Mir ist inzwischen egal was sie hat. Stella ist wie sie ist. Sie ist ein toller Mensch!

3. Wie hast du die letzten Jahre von Stella erlebt?

Ein ständiges Auf und Ab der Gefühle. Es fällt mir schwer die Bilder aus meinem Kopf zu bekommen wo Stella im Krankenbett liegt und überall Schläuche in den kleinen Körper geführt werden. Ein Kind, das sonst immer am Lachen ist in so einem Zustand zu sehen bricht mir das Herz.
Dann aber auch das positive emotionale Aufeinandertreffen. Wie Stella sich über Kleinigkeiten freut, wie sie einen fest an sich drückt und die Nähe genießt. Das ist überhaupt etwas, dass in den letzten Jahren immer deutlicher wurde. Hatte man in den ersten Jahren noch den Eindruck, dass Stella in ihrer eigenen Welt lebt und ihre Umwelt kaum wahrnimmt, so merkt man heute schon klar,

dass sie alles genau beobachtet und auch sehr deutlich zeigt was sie gerne möchte und was nicht.

4. Ist Stella in deinen Augen glücklich?

Sehr sogar.
Ich glaube sie ist sogar glücklicher als die meisten anderen Kinder. Stella weiß ja nicht, dass sie behindert ist. Sie freut sich, wenn sie mit dir kuscheln kann. Sie ist glücklich, wenn sie Auto fahren kann. Sie freut sich, wenn sie hüpfen kann oder sich dreht. Sie freut sich über einen vorbeifliegenden Schmetterling oder eine Leberwurststulle. Ich bin ganz sicher, dass sie ihr Leben schön findet.

5. Beschreibe Stella in 5 Worten!

- Sonnenschein
- Aufgeweckt
- Engel
- Willensstark
- Wasserratte

6. Für welche 3 Dinge im Leben bist du persönlich dankbar?

Für meine Familie bin ich unendlich dankbar. Natürlich für deine Mama und dich. Aber auch für Stella und Mila, meine Eltern, meine Schwester und Schwager, deinen Mann und die Familie deiner Mutter.
Wenn es darauf ankam haben wir immer Unterstützung bekommen.

Auch sehr dankbar bin ich für meine Kindheit. In einem Land und zu einer Zeit aufzuwachsen, in der weder Krieg noch Hunger herrscht, ist global gesehen ein Privileg welches man oft als Selbstverständlichkeit sieht. Freundschaft war damals auch noch wichtiger als Geld.

Vielleicht sollte ich auch noch meinen Beamtenstatus nennen. Mein Job ist nicht einfach und reich werde ich auch nicht dabei. Aber er bringt mir eine beruhigende soziale Sicherheit, die ich zuvor seit der Wende vermisst habe.

7. Was wünschst du Stella für die Zukunft?

Ich wünsche Stella vor allem noch mehr Selbstständigkeit. Dass sie noch besser mit ihrem Rollator laufen kann und sich so überall dort hinbewegen kann wo sie möchte.
Ich wünsche ihr, dass sie sich noch besser artikulieren kann, ihre Wünsche besser äußern kann. Vielleicht mit einem Talker oder ähnlichem. Ein Traum wäre es, wenn sie ohne Windeln leben könnte.

Apropos Traum... Ich hatte vor ein paar Jahren mal geträumt wie Stella mit offenen Armen auf mich zukommt und "Opa! Opa!" ruft.
Ich bin mir ganz sicher, dass das eines Tages passieren wird.
Das allerwichtigste was ich Stella wünsche ist jedoch, dass sie vom Wesen her so bleibt wie sie ist und sie keine schwerwiegenden Anfälle mehr bekommt, die sie wieder zurückwerfen.

Hilfeseiten

Du hast einen behinderten Angehörigen?
Hier ein paar Seiten, an die du dich wenden kannst:

www.lebenshilfe.de

www.familienratgeber.de

www.pflegebox.de

www.behinderung.org

https://www.uni-frankfurt.de/53136138/rechte.pdf

https://www.drk.de/hilfe-in-deutschland/behindertenhilfe/beratung-und-unterstuetzende-dienste/

http://www.bzsl.de/

www.caritas.de

https://teilhabe-beratung.de/

https://bvkm.de/

Tipps für Eltern/ Angehörige behinderte Menschen:

Gerne könnt ihr auch meiner Gruppe bei Facebook „360 Grad Stella“ beitreten. Ich kann euch auch Hilfestellungen geben, so gut ich es kann.

Auch die Seite „Stellas Blog“ auf Facebook und auf vielen anderen Plattformen, erzähle ich immer mal wieder aktuelles aus unserem Leben.

Das wichtigste ist, dass ihr darüber redet! Sucht euch Gruppen und/oder andere Eltern oder Angehörige behinderter Menschen.

Redet mit eurer Familie und fragt nach Hilfe.

Redet mit allen Menschen offen darüber. Umso öfter ihr es ansprecht, umso leichter geht es euch über die Lippen. Und irgendwann wird es auch für euch normal. Habt keine Scheu davor, auch einmal Hilfe anzunehmen. Es ist wichtig, dass auch ihr euch mal ausruht. Ihr könnt vielleicht mal für eine gewisse Zeit auf 200% laufen. Aber nicht immer! Irgendwann ist auch eure Batterie alle und muss aufgeladen werden.

Wenn ihr merkt, dass euch das alles über den Kopf wächst – holt euch so schnell wie möglich Hilfe!

Niemanden nutzt es, wenn ihr dann plötzlich gar nicht mehr verfügbar seid, da euch die Depression eingeholt hat! Also geht rechtzeitig zu eurem Hausarzt und schildert die Situation. Es gibt viele Möglichkeiten. Auch eine Kur gemeinsam mit eurem Kind/ eurem Angehörigen.

Geht bitte auch immer raus! Frische Luft tut gut und lässt einen durchatmen!

Igelt euch nicht ein! Das habt ihr gar nicht nötig!!

Alles Gute euch! ❤

Tipps für Freunde/ Kollegen von Menschen, die einen behinderten Angehörigen haben:

Ganz wichtig ist: Habt einfach Verständnis! Nichts ist wertvoller, als das.

Habt Verständnis für ihre Launen, für manche Reaktionen, genervte Äußerungen oder manche taten.

Habt Verständnis, wenn wir nicht so fit sind, wie ihr. Habt Verständnis, wenn wir es lieber haben, wenn ihr uns besucht und nicht umgekehrt.

Habt einfach Verständnis für unser Verhalten. (natürlich ist nicht jedes Verhalten gerechtfertigt, wägt einfach ab)

Bietet eure Hilfe an und meint diese auch ernst. Manchmal reicht es schon, wenn jemand einfach nur da ist.

Zum Reden, zum Quatschen oder zum gemeinsamen Frühstücken.

Fragt nach! Wir wollen manchmal nicht von alleine reden. Manchmal braucht es einen kleinen Anstupser. Glaubt mir, hinterher geht es beiden Seiten besser.

Grenzt die Leute nicht aus! Ladet trotzdem ein, auch wenn ihr vorher schon wisst, dass wir vermutlich absagen werden.

Unterstützt einfach und seid da! Gebt einem das Gefühl, dass man nicht allein ist.

Schlusswort/Fazit:

Was ist das Leben? Es bedeutet für mich Zufriedenheit. Glücklich sein. Freunde, Familie, Hobbys und Arbeit.

Es bedeutet Scheitern und gleichzeitig auch etwas an Erfahrungen dazu gewinnen.

Freunde kommen und gehen. Manchmal auch die Partner. Bleibt euch selbst einfach immer treu und macht das, was ihr in diesem Moment für richtig haltet. Verstellt euch nicht für andere, um ihnen zu gefallen.

Ich habe mir in den vergangenen Jahren ein dickes Fell aufgebaut, sodass mich manche Dinge nicht mehr so sehr berühren.

Auf der anderen Seite bin ich aber auch emotional geblieben und habe nie meine weiche und herzliche Seite verloren. Ich sehe noch immer das Gute im Menschen.

Ich bin einfach ich. Stella ist einfach Stella und meine Familie ist einfach meine Familie.

Wir haben uns und wir sind glücklich, das ist die Hauptsache.

Und nie wieder wird mir jemand ausreden können, dass man Karriere machen kann und gleichzeitig ein behindertes Kind großziehen kann.

Klar, wir machen Abstriche. Aber es ist okay so. Man sollte immer hinter seinen Entscheidungen stehen.

Meine Entscheidungen waren vielleicht nicht immer die Besten. Aber ich empfand sie in dem jeweiligen Moment als perfekt.

Darum: Lasst euch nicht in euer Leben reinreden, denn niemand weiß, was für Gründe ihr habt Dieses oder Jenes zu tun. Nur ihr allein habt diesen vergangenen Weg hinter euch und entscheidet, wo es in Zukunft als nächstes hingeht.

Nun schreiben wir das Jahr 2019 und ich habe im September, trotz meiner Panikattacken, die Ausbildung zur Bürokauffrau erneut begonnen.

Es wird nicht einfach werden. Das weiß ich. Doch ich kämpfe weiter. So, wie Stella.

„Es kostet nichts,

dankbar zu sein,

doch es ändert alles“

Unbekannt

Danksagung

Ich danke meinem Mann Pascal, dass er meine Launen aushält.

Ich danke ihm, dass er immer da war, ob und guten, wie in schlechten Tagen.

Ich danke meinen Eltern, die mich nie aufgegeben haben, auch wenn ich viel Mist gebaut habe.

Ich danke ihnen, dass sie uns immer unterstützt haben.

Ich danke ihnen, dass sie mir eine schöne Kindheit geschenkt haben, die ich nun an meine Kinder weitergeben werde.

Ich danke meiner Mila, dass sie so verdammt verständnisvoll ist und immer ihrer großen Schwester helfen möchte.

Ich danke ihr, dass sie für mich da ist und sieht, wenn ich traurig bin und fragt: „Mama, ist alles gut? Ich liebe dich Mama!“ - Ich liebe dich auch mein Schatz! -

Ich danke meiner Tante Anne und meinem Onkel Frank, dass sie uns oft Mila abnahmen, wenn Stella wieder einmal ins Krankenhaus musste.

Ich danke meiner Tante Conny, dass sie uns immer mit besonderem Fachwissen aushelfen konnte und deshalb auch Verständnis hatte, für besondere Momente.

Ich danke meiner Oma Ute und meinem Opa Peter, dass sie mit Stella immer so viel gemacht haben.

Ich danke, dass sie sich immer so sehr mit einbringen und uns unterstützen, wo sie nur können und das schon so lange! Danke für alles!

Ich danke meiner Oma Janny, dass sie uns immer so akzeptiert hat, wie wir sind und niemals komische Fragen gestellt hat, wenn es bei uns mal nicht so rosig aussah.

Ich danke ihr, dass sie alle ihre Ur-Enkel gleich behandelt, ob nun mit Handycap oder nicht.

Ich danke einfach meiner gesamten Familie, dass ihr uns gehalten habt, als wir selbst nicht mehr wussten, wohin mit uns. Ohne euch, wären wir nicht dort, wo wir jetzt sind!!!

Ich danke meinen Freunden, dass sie mich noch immer liebhaben, obwohl ich schon echt viel zeug durch habe. Dass ihr immer noch ein Herz für mich habt, bedeutet entweder, dass ihr verrückt seid oder mich echt mögt.

Wie haltet ihr das nur mit mir aus?

Danke Juli, dass du mich seit knapp 14 Jahren noch immer nicht überhast.

UND Ich danke Stella, dass du mein/unser Leben geformt hast. Ich danke dir, dass du immer kämpfst, obwohl es oft nicht rosig aussah. Ich danke dir, dass du uns die wichtigsten Werte vermitteln konntest. Du zeigtest uns, was wirklich wichtig im Leben ist.

Danke Stella, dass ich deine Mama sein darf! Es ist mir eine Ehre. Ich liebe dich!

„Dankbarkeit ist Wertschätzung für das, was man hat, statt ständig daran zu denken, was man nicht hat.“

Unbekannt

Facebook (Jennifer Hänsel):

https://www.facebook.com/profile.php?id=100010322798149

Facebook (360 Grad Stella):

https://www.facebook.com/groups/360gradstella/

Blog 360 Grad Stella:

360gradstella.blogspot.com

E-Mail-Adresse für Anregungen und Fragen:

jennastella@icloud.com

FSC
www.fsc.org
MIX
Papier aus verantwortungsvollen Quellen
Paper from responsible sources
FSC® C141904

Druck:
Customized Business Services GmbH
im Auftrag der
KNV Zeitfracht GmbH
Ein Unternehmen der Zeitfracht - Gruppe
Ferdinand-Jühlke-Str. 7
99095 Erfurt